（日常生活に潜む
ビジネスと経済活動のダークサイド）

悪魔の教養としての行動経済学

真壁昭夫

かや書房

はじめに

経済学には、いろいろな考え方がある。その中でも、経済学の父と呼ばれるアダム・スミスは、1776年に書いた『国富論』で〝神の見えざる手〟を提唱した。個人が自由に利得を追い求めることで経済全体はあたかも神の見えざる手に導かれるよう、限りある資源（ヒト、モノ、カネ）は価格の機能によって適切に配分される。これは経済学の基本ともいうべき考え方だ。

この〝神の見えざる手〟のメカニズムを解き明かすため、伝統的な経済学の理論は構築されてきた。普遍性の高い理論を構築するため、一定の前提が設けられた。その前提が、「人間は合理的に行動する」というものだ。合理的とは、理屈で考えておかしなことはしないということだ。「ムリ、ムダ、ムラ」がないといっても良いかもしれない。個人の好みや考え方を忘れて、誰にでも、どのような状況でも当てはまる理論を作ろうとしたのである。

しかし、実際の私たちの生活を振り返ってみると、どう考えても合理的ではない行動を毎日している。生身の人間が作っている経済社会は、伝統的な経済学が想定しているような社会ではないことが多い。経済学者の間でも、経済学という学問が実際の社会からかけ離れてゆく現象に、疑問を持つ人たちが出てきた。その反省から、経済学を実際の生身の人間の行動に近づけるべきとの考えが出てきた。それが、限定合理性に関する理論や、情報の非対称性などの理論となって発表され、支持されることにつながった。

本書で紹介する行動経済学は、そうした伝統的な経済学を実際の生身の人間を対象として、現実の経済活動に当てはまる理論を作ろうとする一つの試みだ。元々、行動経済学の始祖は心理学の研究者が行った、人間の意思決定のメカニズムに関する研究が出発点だった。代表は、ダニエル・カーネマンとエイモス・トヴェルスキーが共同で執筆した『プロスペクト理論：不確実性下での意思決定の分析("Prospect theory: An analysis of decisions under risk".)』である。

両氏の研究をきっかけに、様々な研究者は心理学の手法を使って、必ずしも合理的ではない人間の意思決定や、それに伴う経済活動を解き明かすことになる。そうした研究は、さらに発展して経済活動全体の動きを解明しながら、社会全体を好ましい方向に導く政策の立案・実施の方法にまで広がっている。また、心理学の手法を使って人間の行動を予測する理論は、マーケティングなどの分野にも応用され、ビジネスの世界や大学でも注目される学問になった。

最近、コンピューターを使ったＡＩ（人工知能）の研究が進み、実際の社会の中でもその有効性が高い評価を得ている。一見すると、行動経済学の理論とＡＩは、マッチングしないように見えるかもしれない。しかし、ＡＩの研究者の中にも、人間の脳の仕組みを研究して、それをシステムとしてＡＩの中に取り込み、さらに精度の高いＡＩのシステムを構築しようと考えている研究者もいる。

また、行動経済学の研究者の中にも、人間の心理を突き詰めて研究するため、大脳の働きを検証し、大脳生理学の分野に研究分野が進んでいるケースもある。その意味では、行動経済学とAIは、全く別世界の研究分野ではなく、同じ未来を夢見る〝同志〟といっていいかもしれない。

今後、消費者や投資家の行動に関するデータをAIで分析することで、人間の意思決定をより現実に近い形で分析し、それを社会全体のために役立てることも可能になるだろう。それは逆にいえば、現実的な人間の意思決定を巧みに利用することもでき、人間や社会を自由自在に導くことができるということだ。行動経済学の理論は、〝悪魔の教養〟とも言い換えることができる。そうした社会科学の発展・変化を、みなさんにわかりやすく伝えるため、本書を執筆した。

本書では、行動経済学を使ったマーケティングや、政府が作る政策が私たちの意思決定にどう影響するかなど、これまであまり触《ふ》れられてこなかった側面にも踏み込んで説明したつもりである。みなさんが生活する中で、行動経済学を実感できる身近な例や、実際に行われた具体例も数多く挙げながら解説している。

ビジネスマン向け（行動経済学を利用する側）に書かれた行動経済学の本が多い中、本書は企業側の思惑や狙い、利益を増やす仕組みに対して注意喚起も行った。みなさん（消費者側）が無駄な出費を減らし、自分の身を守るためにも活用してほしい。企業や世界の経済が、新たな産業革命＝〝ＡＩの世紀〟に突入する中、本書で行動経済学に興味を持ち、１人でも多くの方がより深く学ぶきっかけになれば幸いである。

人間の合理的ではない意思決定を分析し、社会全体のために役立てることもできるが、それを巧みに利用して人間や社会を自由自在に操ることもできる

目次

はじめに……2

第1章　行動経済学の基本を理解する……10

生身の人間の意思決定を分析／行動経済学は〝最強の学問〟なのか？／伝統的な経済学は人間をどう分析するのか／「合理的」が経済にもたらした悪影響／理屈だけでは生きていけない世の中／行動経済学の発展の歴史／行動経済学の中核をなすプロスペクト理論／100円の儲けより100円の損が嫌な理由／発生する確率を誤認する決定の重みづけ／仕事の準備を後回しにする飲み会の誘惑／〝なかなかやめられない〟厄介な心理／わかっちゃいるけどやめられない法則／やめたことを再び始めるのは面倒な法則／「のび太」の不合理さと「デューク東郷」の超合理性／意思決定の〝ファスト〟アンド〝スロー〟／行動経済学で迫るビジネスのダークサイド

第2章　ヒット商品の本音と建前……54

ヒット商品の裏に行動経済学あり／ビジネスチャンスが拡大する初頭効果／「ブルーライト・メガネ」はなぜ売れた？／思わず野菜に手が伸びる選択の仕組み／選択肢が多すぎると人は決められない／選びやすい環境が選択を助ける／行動経済学で考えるTikTokのヒット／お寿司の松竹梅で竹を選んでしまう心理／思わず買ってしまう〝おすすめ〟の魔法／ハーディング現象が起きるランキング表示／サンクコストに執着する心と定期購入／パチンコ屋の根強い人気の秘密／ブランドのイメージを崩して大失敗／100円ショップやPB商品はなぜ増えた？／自分で作ると愛着を感じることもある／企業を成長させる提供スピードの重要性

第3章　誰でもできるブームの起こし方……94
音楽鑑賞の常識を変えた「ウォークマン」／需要をつかむためにコンセプトを明確化／キャラクタービジネスの成功のカギ／多くの人が関心を持つストーリーを作る／自分の力を過信して幻想を抱いた失敗例／集客率を上げるバンドワゴン効果／推しのアイドルを応援し続ける心理／消費を促すSNSの危険な側面／消費者が食いつくランキングという餌／令和に起きたリバイバルブームの謎／リゾート地を復活させた〝タダ〟の魔力／ハードルを下げて多くの人を取り込む／ナッジを利用したランニングブーム／タピオカとキャンプブームの裏側／ブームを一過性で終わらせない秘訣

第4章　逆説のマーケティング戦略……132
マーケティングってなんだ？／定価の2倍でも売り切れたトルコ石／高いものは良いものだという思い込み／消費者の気持ちを見破る3つの心理／世界の企業に学ぶマーケティングの極意／時代とともに変化するマーケティング／世界の小売王が確立した古典戦略／消費者志向にシフトチェンジした企業戦略／周囲に役立ち社会貢献を共有する戦略／スマホの普及とデジタル経済の新戦略／認知・訴求・調査・行動・推奨の〝5つのA〟／フリマアプリとシェアリングが普及した理由／事業運営の発想を切り替える新たな試み／生身の人間の実像に迫る事業運営／AIの成長と未来のマーケティング戦略

第5章　バブルに見る、ずる賢い欲望と矛盾……172
繰り返されたバブルの狂騒／バブルの発生と崩壊に見る人間の強欲さ／バブルの発生と〝カネ余り〟のメカニズム／過度な成長への期待とバブルの発生／群集心理で相場が過熱してバブルが膨張／新NISAの開始が株価に与えた影響／バブル崩壊で損失を出したニュートン／塩漬け株を保有する言い訳上手な心／リスクテイク後に損切りする難しさ／株価急落での認知的不協和との付き合い方／資産価値を守

るバブル発生の見分け方／人生が変わるバブルとの付き合い方／〝オマハの賢人〟に学ぶ資金運用の鉄則／リーマンショック後の逆転の好機／東京の住宅価格高騰の理由／物価が上昇しても大量購入する心理

第6章 人を動かす悪魔的な言葉と感情……214

〝まだ1週間〟と〝あと1週間〟の差／どの言葉を最初に伝えるべきか？／頭の中に残る〝一夜漬け〟の記憶／消費者の関心を引く最終的な印象／ポイントを貯めたい心の働きと保有効果／なぜ流行る？クラウド・ファンディング／禁止や制限の言葉が逆効果を招く／北風政策と太陽政策に学ぶ言葉の使い方／ナッジを利用した健康増進の仕掛け／人の成長を助ける言葉の使い方／通販番組の心に刺さるキラーフレーズ／気づかないうちに誘導される無意識の刺激／売り上げが増加した悪魔的な宣伝効果／幸福な人生を送るためのサブリミナル効果／うまくいくと信じて失敗から学ぶ成功例／怒りと不安を煽るトランプ氏の言葉／プロパガンダに惑わされるな！

第7章 日常に潜む危険な行動経済学……250

無料でも成立する儲けのカラクリ／〝権威への服従〟はお金で買える／有名人のパワーが後光となり消費者を刺激／心が勘違いするバーナム効果とは？／企業が仕掛けるサブスクの罠／ついつい買い物をしてしまう〝後払い決済〟の誘惑／購入後の気の緩みで思わず追加購入／音楽やムードで消費者をコントロール／それって本当にナッジですか？／悪意のあるナッジ（スラッジ）に注意／消費者の認知バイアスを刺激するステマ／増加する投資詐欺から身を守る方法／冒険せずに確実なものを重視する心理／同じ分量でも表示の違いで印象が激変／過剰な評価が判断を狂わす区別バイアス／関係のない映像や画像がイメージを決める／企業に付け込まれる消費者の弱み／より良い未来のために必要な学問

第1章

行動経済学の基本を理解する

生身の人間の意思決定を分析

――50円も高いのに、目先の誘惑に負けてしまう抑えきれない衝動

目先の誘惑、癖、習慣、思い込み、経験、知人や家族の何気ない一言など、私たちの意思決定に影響する要素は限りなくある。常にそれらすべてを意識できるなら、それなりの対応の方法はあるのだが、反射的に、とっさの判断を下してしまうことも多い。その結果として、当初想定していたこととは異なる、不合理な意思決定になることはよくある。

他のみんながやっていることを見ると、それに影響され、つい自分もやってしまいたくなる。それは、伝統的な経済学が想定する、ロボットのような無駄のない合理的な判断とは異なる。

行動経済学は、生身の人間、ありのままの私たちの意思決定を分析する。経済学の分野において、比較的新しい領域だ。行動経済学では、まず私たちの心の働きに注目する。分析の対象にする分野は、個人の消費や貯蓄などに関する意思決定、成長戦略の立案と実行などの企業の経営、環境対策や公共政策といった政府の取り組みなど、その対象は幅広い。

日々の選択を振り返ってみよう。夏の暑い日に散歩に出かけたとき、汗をかいてのどが渇いたので、ジュースを買いたいと思う。たまたま、目の前に自動販売機がある。しかし、数百メー

今すぐのどの渇きを潤したいという衝動

目先の誘惑や衝動など、心の働きに影響されて不合理な意思決定を行ってしまう

トル離れたところにはスーパーがある。スポーツドリンクの価格は、自販機が150円、スーパーは100円だ。本来なら節約してお金を貯めたいのだが、今すぐのどの渇きを潤したいという衝動は抑えられない。50円も高いのに、目先の誘惑に負けてしまうのだ。

勉強をしなければならないのに、テレビにかじりついてしまう。ダイエットした方が良いとわかっていても、甘いものを食べてしまう。私たちの意思決定は、常に心の働きに影響されている。データに基づき適切な推論を導き出す人工知能（ＡＩ）と異なり、生身の人間はあらかじめ合理的な行動のプログラムはなされていない。

目先の誘惑、衝動などに駆られて、おかしな選択をすることはある。心の働きとは、突き詰

めて考えると脳の働きに辿《たど》り着く。行動経済学を学ぶことで、私たちの日々の行動にもたらす、心理的な要因を客観的に整理し、理解しやすくなるはずだ。それは、生身の人間の意思決定を、わかりやすく分析することといって良いだろう。

行動経済学は〝最強の学問〟なのか？

――間違いや失敗につながる心理を分析して問題を解決する

元々、行動経済学は私たちの意思決定に関する理論として発展した。主な分析の手法は、人間の心の動きを分析する心理学だ。人の心の動きを解くことで、人々がどのような意思決定をするかを考える。そのため、時々、私たちが間違った意思決定をするときの心の動きも分析することができる。間違った決定を下すときの要因は、心の中に恐怖が発生したり、裏付けのない安心感などが生まれたりすることで、心が誤った判断をするときだ。

「過去に優秀な成績を上げた人なので、全部任せても大丈夫だ」「実績ある人だから今回も任せよう」という話はよく聞く。その決定自体には大きな問題はなさそうなのだが、実際に任せてみるとうまくいかないこともある。それは人間の心理として、「あのとき大丈夫だったから、

心が誤った判断をするフレーミングの心理

「今まで大丈夫だったから、今度も大丈夫」という思い込みには注意が必要

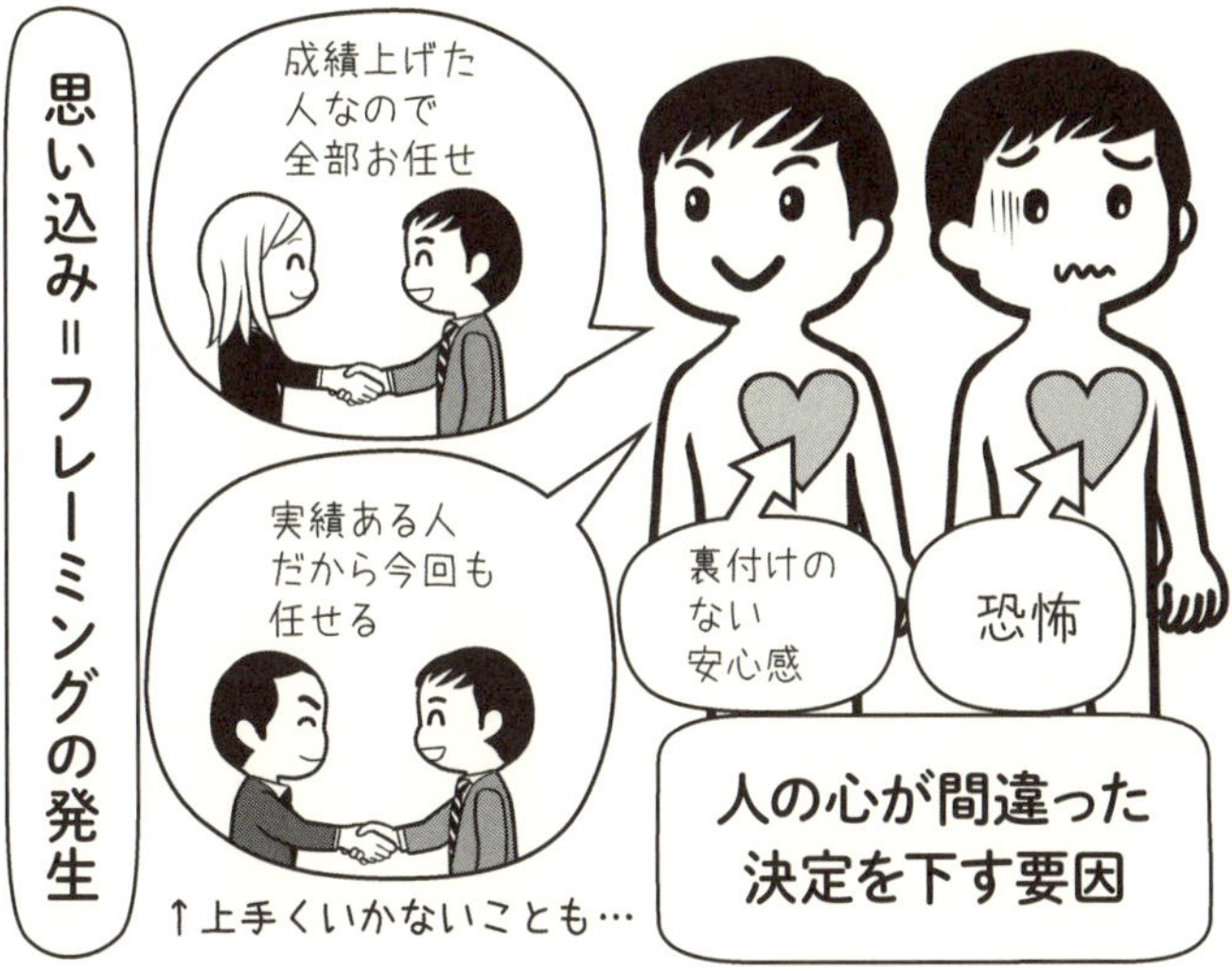

今回も大丈夫だろう」という思い込み＝フレーミングが発生してしまうからだ。

思い込み＝フレーミングにおいて、米国の大手百貨店の例がある。リーマンショック後、この百貨店の業績は悪化した。２０１０年以降も、業績は悪化傾向を辿った。百貨店の経営陣は、リストラなどで収益力の改善を試みたが、なかなか思ったような効果は表れなかった。同社は、米国の有力ＩＴ先端企業でマーケティングのトップを務めた人物を最高経営責任者（ＣＥＯ）に招いて再建を委ねた。「ＩＴ企業で個人向け事業の成長をもたらした優秀な人だから、小売業の立て直しにピッタリ」との見方からの人選だった。

しかし、従来と異なる低価格路線の強化などで客離れは加速した。そして短期間で、新ＣＥ

Oは解任されてしまった。百貨店の取締役会は、IT企業での成功を同氏の手腕だと思い込んでいたのだ。その結果、業績は一段と悪化した。

2020年、最終的に同社は連邦破産法11条（通称＝チャプター・イレブン、日本の民事再生法に相当）の適用を申請し、経営破綻した。ネット通販の成長やコロナ禍《か》の発生といった環境の変化の中で、同社の業務は時代に取り残されつつあったのだが、同社には、本当の意味での危機感がなかった。

「今まで大丈夫だったから、今度も大丈夫」というフレーミングの心理が働いたのかもしれない。同社は既成概念にとらわれすぎたため、破綻したと考えることもできる。また、過去の経営トップの人選も、経営悪化の要因の一つになったといえるかもしれない。

最近、「行動経済学は最強の学問といわれているようですが、本当ですか？」とよく尋ねられる。ここでいう〝最強〟とは、ビジネスや経済の様々な問題を解決することができる理論なのだろうと私は解釈している。

伝統的な経済学は人間をどう分析するのか

――無駄なく行動する合理的な人間像は全知全能のスーパーマン

ここでは、行動経済学とは異なる伝統的な経済学の解説をしよう。1870年代、オーストリアの経済学者だったカール・メンガーやフランスのレオン・ワルラスは、合理的な経済人の人間像を提唱した。伝統的な経済学では、人は〝ホモ・エコノミカス＝合理的な人間〟という前提で考えられている。メンガーとワルラスは、人は周囲の満足度ではなく、自分の満足＝効用を高めるために意思決定し、無駄なく行動する精密機械のような存在だと説き、経済に関する研究を進めた。

伝統的な経済学は、市場に無数の参加者（売り手と買い手）が存在すると想定する。市場に参加する者は、すべての者が同じ情報（完全知識）を持っている、とされている。実際にそんな人はいないのだが、全知全能のスーパーマンのような存在をイメージするとわかりやすいだろう。

それぞれの人が自分の利益のために消費や投資を行うことで、経済全体にとって好ましい「ヒト」「モノ」「カネ」の配分が実現する。その際、市場で流通するモノや資産の価格には、関

無駄なく行動する合理的な人間

伝統的な経済学は、分析のために都合のいい前提条件を設定している

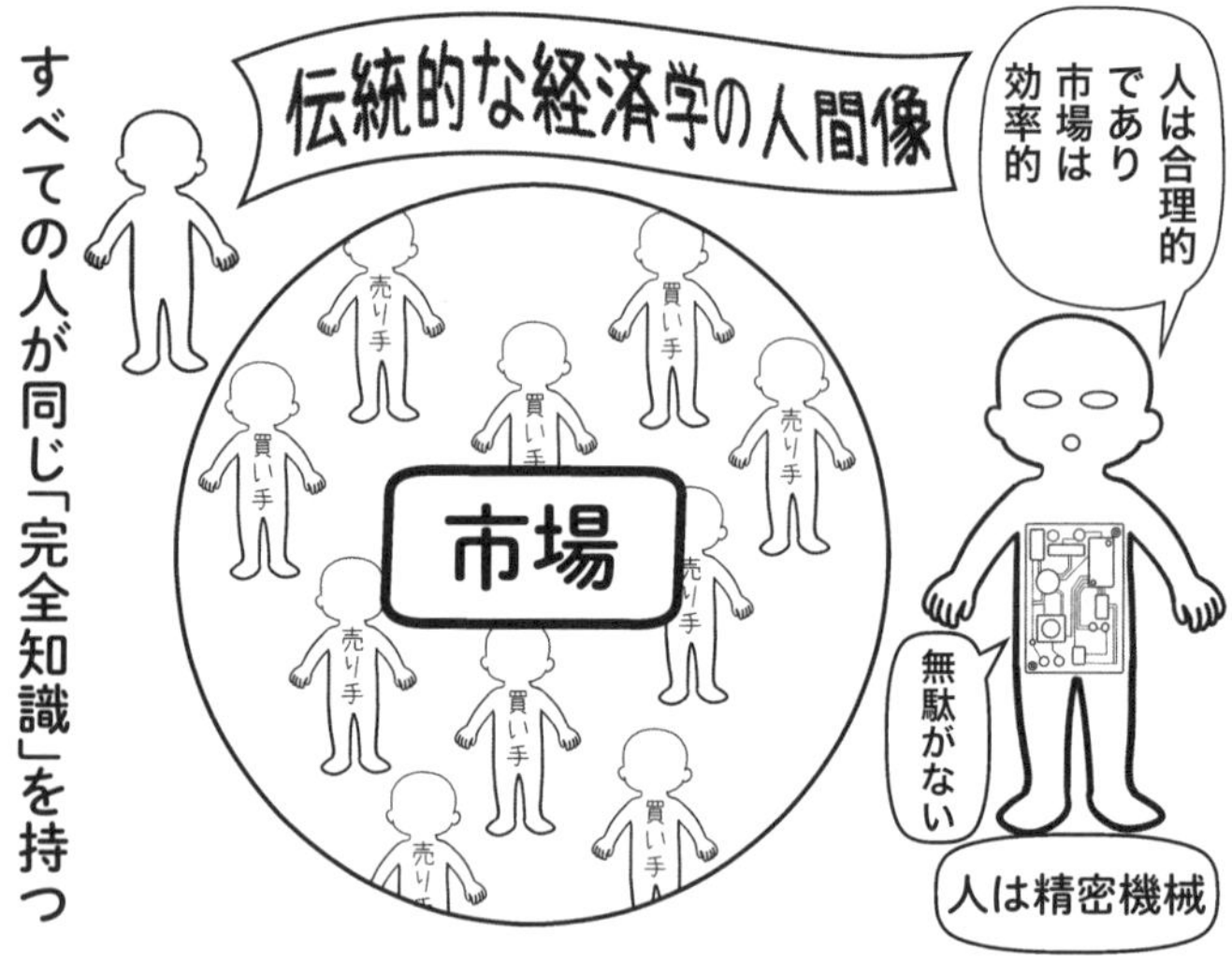

係するすべての情報が反映されていることになる。

株式市場であれば、企業の情報はすべて株価に反映されている。だから、投資家がどれだけ企業のことを調べても、市場全体を上回るリターンを得ることはできない（効率的市場仮説）。

このように伝統的な経済学は、「人は合理的であり、市場は効率的だ」と考え、分析のために都合のいい前提条件を設定した。個人の好みや価値観、出身地の違いなどは一切無視され、分析に反映されていない。個別、具体的な内容を分析から除外することで、多くのケースに当てはまりやすい理論を作り、普遍性を高めている。

長い目で見ると、失敗も含めて私たちはいろ

いろな経験をする。失敗を繰り返すと、それが経験となり、だんだんおかしな失敗を繰り返さなくなるだろう。長期的に見たら、私たちはそれなりに合理的に行動をするものなので、合理的経済人の前提が必ずしもおかしいとは限らない。

ただし、私たちの日常生活を振り返ると、短期的におかしなこともする。こういった日常的な感覚とのズレは「経済学って、なんだか難しい、わかりづらい」という、伝統的な経済学の印象につながっているのだろう。

「合理的」が経済にもたらした悪影響

——実際の人間の本質とは異なる合理的な意思決定

伝統的な経済学が想定する〝合理的な経済人〟の「合理的」の意味を、もう少し丁寧に考えてみる。合理的には2つの意味がある。まず1つ目は、道理、論理にかなっていること。理には、掘り出したばかりの玉（石）を磨き、美しい模様を出す意味がある。2つ目は、能率的で無駄がないという意味だ。

英語で合理的は、ラショナル＝Ｒａｔｉｏｎａｌということもある。Ｒａｔｉｏｎａｌは論理的な根拠、といった意味で使われることも多い。論理的とは、A＝B、B＝CであればA＝C（演繹的）というように、議論の筋道がすっきりと通っていることをいう。

本書なりの合理的（合理性）を定義しよう。合理的とは、明確なことわり（理屈に合っている根拠）に基づき、無駄なく、目的（より良い成果、より高い効用の実現など）を達成しようとするということができるだろう。

「人は合理的に意思決定を行う」という伝統的な経済学の前提条件は、それまでの経済政策に大きな影響をもたらしてきた。例えば、わが国の中央銀行である日本銀行（以下、日銀）が実施した超緩和的な金融政策がある。バブル崩壊の1990年のはじめから約30年の間、日本では超低金利の環境が続いた。それでも、デフレーション（物価が持続的に下落する経済状況／デフレ）の懸念払拭は難しかった。

2013年4月以降、日銀は「2年で、2倍のお金を経済に供給し、2％の物価上昇率を実現する」と宣言して〝異次元緩和〟を開始した。議論の出発点は、需要と供給の関係だ。一般的に、需要が増えればモノやサービスの供給価格は上昇する。

需要増加を支える要素の一つは、金利の低下だ。日銀が短期の金利を引き下げたり、国債を購入したりして資金を経済に供給すると、お金のレンタル料である金利は低下する。そうなることで住宅ローンなどの金利は低下し、より多くのお金を買い物などに回すことができるよう

経済の理論で適切と考えられた景気刺激策

伝統的な経済学に則った金融政策では、人々の心理を変えることは難しかった

になる、ということだ。

家計や企業はお金を借りやすくなり、投資（株式や不動産の投資、企業の設備投資）や消費（特に価格帯の高いモノ）は増えるだろう。投資や消費が伸びると景気は良くなり、株価も上昇するだろう。

人々が合理的であるならば、景気が良くなれば、多くの投資を行ったり高価格の商品を買ったりするはずだ。金利低下による需要の創出を目指し、日銀はマイナス金利政策も導入した。そうすることで、人々の支出、投資意欲は高まり、デフレから脱却できると考えていたのだ。

つまり、経済の理論で適切と考えられる景気刺激策を打ってきたのである。ところが、実際には、わが国の経済がデフレから脱却するには長い時間を要した。その背景には、人々の心理

の中に「デフレが続きそうだ」という心理状況があったからだ。伝統的な経済学に則ったこの金融政策では、人々の心理を変えることが難しかったのである。

理屈だけでは生きていけない世の中

――自分に都合のいい言い訳をしてしまう心理的特性

世の中、理屈通りにいかないこともある。これまでの自分の人生を振り返ると、私も合理的ではない選択を行ったことは多い。

明日、早朝から仕事の打ち合わせがあっても、「ちょっと一杯行きましょう」と誘われれば、断り切れないこともある。飲みに行った結果、翌朝、二日酔いで気分が重いまま打ち合わせに出ることになった。この判断は、仕事で効率的な成果を上げるには整合的ではない。

学生の頃は、明日試験があっても、友人宅で遊んでしまうことも多かった。試験のために教科書を読み返して勉強に集中すべきなのに……、勉強しなければと思いつつ誘惑に負けてしまうのだ。遊びを早めに切り上げれば大丈夫、昨日まで十分復習したから問題ない、適当に自分に都合のいい言い訳をして、友人宅に遊びに行ってしまう。このような似た経験をした方は多

安さに惹かれて合理的ではない買い物をしてしまう

安いから節約につながると思って買ったのだが、結局は支出が増えることに

いだろう。

　あるとき、ネットサーフィンをしていると、ポップアップ広告におすすめのコートが複数掲示されていた。広告のリンクをクリックすると、通販サイトにジャンプする。サイトには、自分が思っていたより安いコートが、数多く掲載されていた。買う気はなかったのにその安さに惹かれ、購入ボタンをクリックしてしまった。

　このとき、〝安物買いの銭失い〟ということわざが頭の中で明確になっているにも拘《かかわ》らず、安さに惹かれてしまったのだ。でも自分の中では、それが結果的に賢い意思決定でないことは自覚している。

　やはり、何回か着たところ、コートの糸はほつれ始めた。洗濯すると、頑固なしわも目立つようになった。結局は近所のデパートでよく似

たコートを、そのコートよりも高い値段で買い直すことになった。安いから節約につながると思って買ったのだが、結局、支出が増えることになった。

目先の誘惑に引っ張られてしまう。それは、私たち人間が持つ一種の心理的特性＝〝性《さが》〟なのかもしれない。いずれにせよ、時として、私たちは伝統的な経済学の前提と異なる、合理的ではない〝おかしなこと〟をしてしまう〝性〟があるようだ。

行動経済学の発展の歴史
――伝統的な経済学に異を唱えて、非合理な動機や行動を提唱

経済学の発展の歴史を振り返ると、行動経済学の始祖は、ジョン・メイナード・ケインズといえるかもしれない。伝統的な経済学に基づくと、合理的に意思決定を行う人々の自由な選択に任せておけば、経済の運営はうまくいく。もし、景気が悪く（国内総生産＝ＧＤＰが前期比でマイナス）なっても、政府は対策を立てずに何もしないでよく、人々の自由な営みによって、そのうち経済は回復する。長い目で見れば、失業がずっと続くことはないはずだ、と考えられていた。

しかし、ケインズは伝統的な経済学の考えに異を唱えた。特に、世界恐慌の発生はケインズに大きな影響を与えている。1929年10月24日、米国の株式市場が暴落した（暗黒の木曜日）。それをきっかけに、世界全体で経済成長率は急速に落ち込み、失業者が増加した。経済環境の悪化を目の当たりにしたケインズは、景気の回復には政府が金融・財政政策などを用いて需要（有効需要）を生み出すことが必要だと説いた。

1936年、ケインズは『雇用、利子および貨幣の一般理論』に、こうした考えをまとめた。そこには、企業の成長には〝アニマル・スピリッツ〟が必要、との指摘がある。アニマル・スピリッツとは〝血気〟などと訳されることが多い。ケインズの著作を読むと、成功や名誉、富などを追い求めてリスクを取る心理と解釈できる。

また、ケインズは優れた投資家でもあった。ケインズは、当時流行していた美人コンテストになぞらえて、資金運用に必要な考え方も説いた。美人コンテストで誰が優勝するかを当てるには、参加者全体が平均的に綺麗だと思う人を予想することが必要であり、自分の好みを重視することとは異なる。ケインズはこの考え方を株式投資に応用し、自分の判断を重視するよりも、他の市場参加者（集団全体）の好みが平均的にどうかを考えることが資金運用に大切だと説いた。

ケインズ経済学の登場によって、より現実に近い理論の構築を目指す研究者は増えた。

1940年代、米国ではハーバート・サイモンが〝限定合理性〟（人間の認識能力は万能ではなく、限定的な合理性しか持ちえないとの考え）を提唱した。サイモンは、より良い意思決定を支えるために人工知能の研究にも取り組んだ。

そして1979年、行動経済学の生みの親というべき一つの論文が発表された。ダニエル・カーネマンとエイモス・トベルスキーが共同で執筆した『プロスペクト理論：不確実な状況下での意思決定の分析』だ。この論文は心理学の知見を用いて生身の人間の意思決定を分析する行動経済学の理論発展に多大な貢献を果たしている。

行動経済学の中核をなすプロスペクト理論

――理想と現実、儲けと損失のはざまで揺れ動く心理を分析

カーネマンとトベルスキーが提唱したプロスペクト理論は、29ページのグラフを見れば、それほど理解が難しいものではないだろう。わかりやすく説明すると、私たちの心には、利益をなるべく早く確実なものにしたいという願望がある一方、損失はできるだけ被りたくないという、当たり前の人間の心理が同居しているということだ。

利益と損失のはざまで揺れ動く合理的ではない心理

利益を早く確実なものにしたい、でも損失は被りたくないという心理が同居

株式の投資を例にして考えてみる。１０００円で買った株が１１００円に上昇すると、すぐに売却し利益を確定することは多い。反対に、１０００円で買った株が９００円に値下がりして含み損を抱えると、すぐに売却して損失を確定（損切り）することは容易ではない。株価の上昇を待ち、そのまま株を持ち続ける人は多いようだ。

投資した企業の業績が悪化したのであれば、投資家は損切りを行い、資金の価値を保全した方が良いはずだ。その回収した資金で別の株を買い、損失を挽回することができるかもしれない。合理的に行動する投資家であれば、そうするだろう。

しかし、私たちはどんなときでも合理的とは限らない。損切りした方がいいとわかっても、

なかなか決断できないものなのだ。そうした現実を実感している方は多いだろう。

私たちは、自分の周囲の事柄を、主観で認識して評価している。家族でテレビドラマを見たとき、家族の中で評価が異なることもあるだろう。子供は「面白かった、次回も楽しみだ」というが、妻は「思ったほど楽しくなかった。もう見ない」と愚痴をこぼす。空腹を満たす方法だって人それぞれだ。私たちは主観で行動しているのである。

そのときの状況、経験などで評価が変わることも多い。2000円に上昇した株を見たとき、ある人は、以前、株価が2500円だったことを思い出して割安だと考え、株を買うかもしれない。別の人は1500円で買った記憶が甦り、その割高感から売却を検討する。買いたい投資家、売りたい投資家が同時にいるからこそ、株式の取引は成立しているのだ。

あなたが株式投資を考えるとき、損をしないようにできるだけ詳しく企業を調べるだろう。そして、数ある上場企業の中から有望な企業を選び出し、株を買ったとしよう。あなたは儲かると思ってその株を買った。自分の意思決定は正しい（株価は割安で今後は上昇する）と信じたいはずだ。しかし運悪く、株価は下落した。もしかすると企業選びが間違ったのでは、とあなたは不安を感じる。その後も下落が続くと、予想と異なる展開にイライラが募る。株価が上がると思って買ったという認知と、株価が下落しているという認知が対立することになる。こうした状況を〝認知的不協和〟と呼ぶ。

認知不協和を和らげようと、あなたは都合のいい言い訳をする。「買ったタイミングが悪かった」「参考にしたアナリストのレポートが間違っていた」などだ。ストレスや不安を和らげるために自分にとって都合のいい言い訳をすることは、自分自身にとっては合理的なのだろうが、他の人には不合理に見えることもあるだろう。

どれだけ事前の準備や調査をしたとしても、将来を正確に予測することは困難だ。予想と異なる展開に直面すると、いろいろな葛藤が生じる。プロスペクト理論は、理想と現実、儲けと損失のはざまで揺れ動く実際の心理や行動を理解するために役に立ち、これによって人間の価値の感じ方を説明できるようになった。

100円の儲けより100円の損が嫌な理由
――人間は儲けの喜びよりも損失の悲しみが3〜4倍大きい

行動経済学の始祖であるカーネマンとトベルスキーは、論文の中で2つのグラフを使ってプロスペクト理論を説明している。1つ目は、価値関数だ。価値関数が意味するのは、人々の意思決定の基準となる価値は、特定の〝参照点＝リファレンス・ポイント〟からの位置関係や距離によって示されている。リファレンス・ポイントとは、物事を判断する基準点のことで、そこから離れることで発生するメリット（利得、効用）とデメリット（損失、不効用）が意思決定に影響する。

左の価値関数のグラフを見ていただきたい。原点はリファレンス・ポイントである。株価であれば、購入した価格（簿価）となる。1000円で株を買った場合、リファレンス・ポイントは1000になる。横軸は、相対的な利益を示す（金額の変化、原点から100円株価が上昇、あるいは100円下落）。縦軸は、主観的な価値を示している。主観的な価値とは、意思決定がもたらす満足感だ。

グラフの形状に注目していただきたい。利益が発生し、価値もプラス（第1象限）の場合と、損失が発生して価値もマイナス（第3象限）の場合では、両方ともリファレンス・ポイントから離れるほど物事の感じ方は小さくなる。利益（あるいは損失）の増加量と、価値の増加量は対称的ではない。これを、〝感応度の逓減《ていげん》〟と呼ぶ。

横軸がプラス、マイナスの場合のグラフの形状を見ると、一単位だけ利益と損失が増えた場合、縦軸が示す主観的な価値の変化は異なっている。利益が一単位増えたAよりも、損失が一単位増えたBの方が価値の変化幅は大きい。1000円で株を買い、100円儲けた喜びと、100円の損失の悲しみを比較すると、損の悲しみは、儲けの喜びを上回っているのだ。もち

価値関数のグラフ

利益・損失の増加量と価値の増加量は対称的ではない

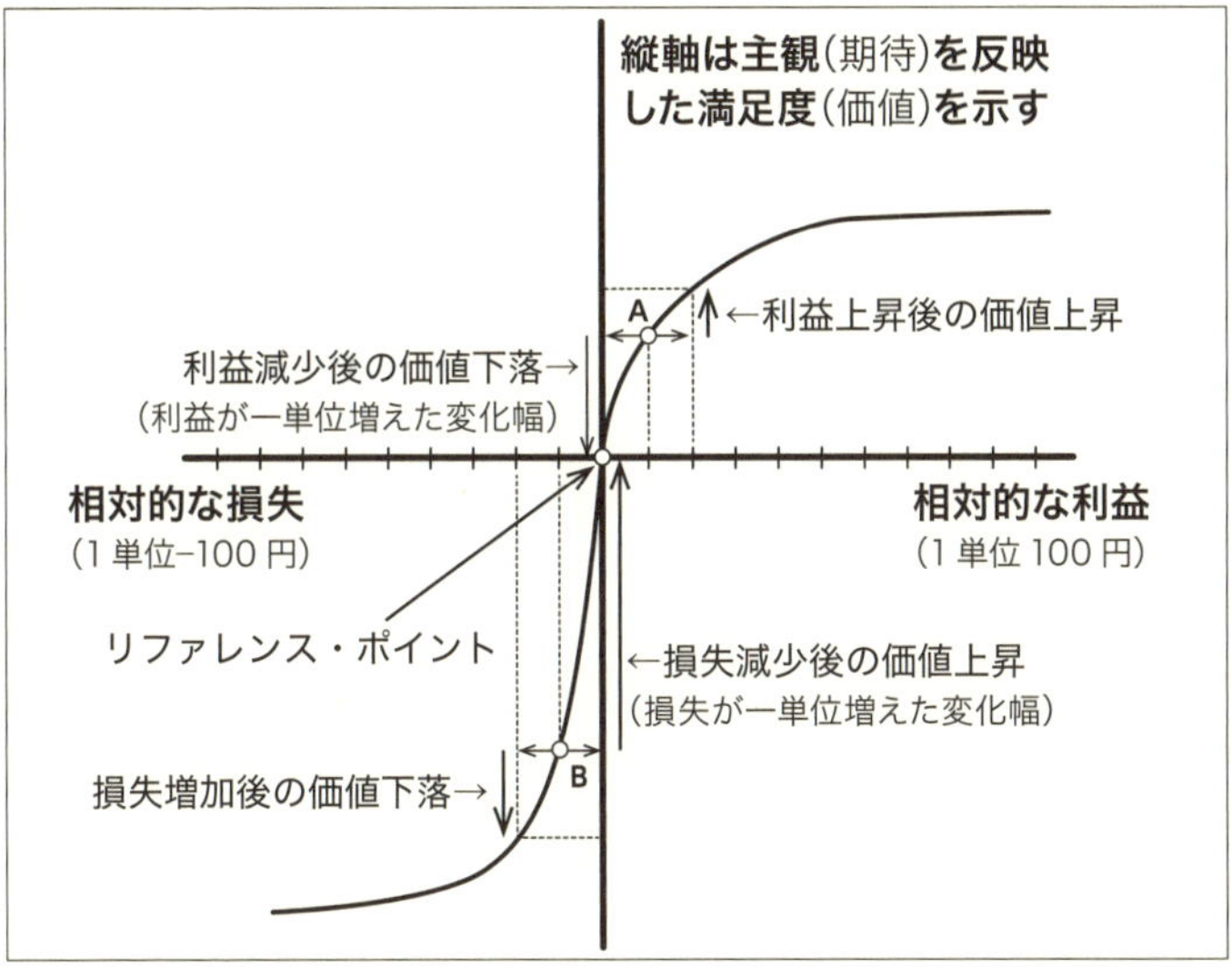

儲けの喜びが1に対して、損失の悲しみは3～4倍大きいといわれている

ろん個人差もあるが、儲けの喜びが1に対して、損失の悲しみは3～4倍大きいといわれている。これを〝損失回避的傾向〟と呼ぶ。

プロスペクト理論に関する実験では、利益が出ている局面と損失が出ている局面とでは、私たちのリスクのとらえ方が変化することも報告されている。利益が出ていると、私たちはリスクを避けようとする。1000円で買った株が1100円に上昇すると、利益の確定を急いで株価の下落リスクを避けようとする。

反対に、株価が900円に下落すると、私たちはその後の改善を待ち、リスクに対して愛好的になる。900円から1000円に株価が上昇することによる価値の回復は大きいのだ。あえてリスクを負ってでも、現状を維持して状況の改善を待った方が賢明だと思いたい人は多いだろう。そうした心理が高まると、損切りは難しくなる。利益が出ているか、損失が発生しているかで、意思決定の方法はまるで鏡に映したかのように正反対になる。

発生する確率を誤認する決定の重みづけ

当選する確率が極めて低い宝くじに過度な期待を抱く心理

プロスペクト理論を構成する2つ目は、決定の重みづけだ。決定の重みづけとは、人々の主観によって物事が発生する確率を歪めてしまいがちということである。一種のバイアス(傾向)によって、私たちは小さな確率を過大に評価し、高い確率を過小評価にしがちだ。確率に対する評価は、数字の通りではないのである。

カーネマンとトベルスキーの論文には、決定の重みづけのグラフを紹介している。次のページにあるグラフを見ながら、どういうものなのかを確認してみよう。

グラフの横軸は、客観的な確率となる。縦軸に決定の重み(主観的な評価で修正された確率)となる。確率はパーセントの表示ではなく、0~1の数字で表示してある。右肩上がりの45度の直線は、横軸の客観的な確率と、縦軸の主観的な確率が一致している状態を示している。例えば、主観的に0・6の重みをつけた事象であれば、客観的な確率も0・6となる。合理的な経済人であれば、こうした発生確率の評価を行うだろう。

しかし、私たちが実際に感じる決定の重みは、グラフ中のS字の曲線のようになる。傾向と

決定の重みづけのグラフ

直線は確率が一致している状態だが、実際はＳ字曲線のように感じる

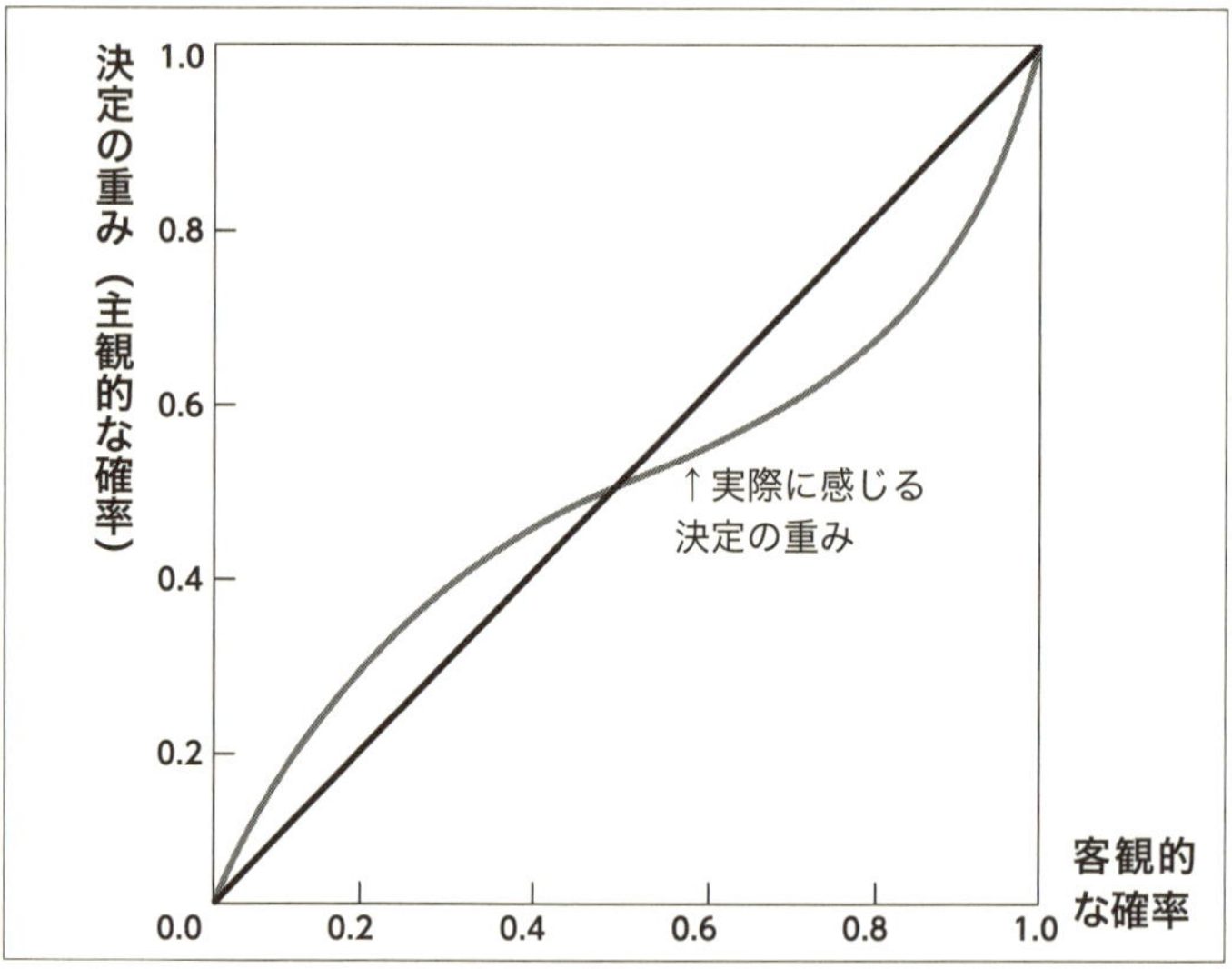

決定の重みづけは小さな確率を過大に評価し、高い確率を過小評価してしまう

して、私たちはごく小さな確率を過大に評価するのだ。それとは逆に、中程度から大きな確率になると、過小評価しがちである。

例えば、確率が0・2の場合における決定の重みの値は0・2を上回っている。すなわち、客観的な確率以上の発生を期待していると考えることができる。当選する確率が極めて低い宝くじに、過度な期待を抱く心理が良い例だ。

また、確率が0・8の場合、決定の重みは0・8を下回る。当選が80％確実である選挙の結果に、過度な不安を抱く心理も決定の重みづけのグラフで説明できるのだ。確率が低い事象に対して、私たちは過度な期待を持ち、その一方で確率が高いことに対しては理屈以上に不安感を抱いてしまう。

カーネマンとトベルスキーは、こうした心理を決定の重みづけのグラフで説明した。私たちの確率の重みづけは客観的な確率に一致せず、主観的な評価はより複雑といえる。

仕事の準備を後回しにする飲み会の誘惑

その時々の感情が合理的な意思決定を難しくすることもある

行動経済学は、心理学（心の働きと行動を科学的に分析する学問）の理論や手法を使って、経済に関する私たちの意思決定を分析する分野である。行動経済学の行動には、心の働きがもたらす意思決定、意思決定に基づいた消費や投資などの経済的な行動を対象とする意味がある。意思決定には、誘惑、不安、こだわり、快楽などの心の働きが影響する。自分の満足感を高めたり、不安を減らしたりするために、私たちは意思決定を行い、行動を起こす。それにより、消費が増えたり、生産活動が活発化したりする。ここでは、意思決定に影響を与える誘惑のケースを考えてみよう。

社会人になって間もないA氏のケースを紹介しよう。就職してしばらくすると、A氏は徐々に業務に慣れ始めた。しかしまだ、先輩の力を借りずに業務を1人でこなすことは難しい。A氏は内心、家に帰ってから業務のプロセスを復習し、パソコンの使い方を勉強した方が良いと考えていた。社会人として早く一人前になるため、帰宅後に実力を身に付けることは合理的な考え方だろう。

おかしな意思決定をしてしまう飲み会の誘惑

その時々の感情に影響されて合理的ではない行動をとってしまう

ある日の夕方、明日も仕事だから早く家に帰って勉強をして、明日の準備をしようと考えていたところ、先輩から飲み会に誘ってもらった。「他の部署の人も参加するから、きっと楽しいよ」とのことだった。

誘われたA氏の脳裏には、いろいろな考えが浮かんだ。先輩の誘いを断わるのは失礼かもしれないという思い。参加して〝いい後輩だ〟と思われたいが、明日の仕事に備えて勉強もしなければという葛藤。社内の人と知り合いになったらゴルフに誘ってもらえたりしていいことがあるかもしれないという期待、などだ。

「今日は誘いに乗って飲み会に参加しよう」と決断し、夜の街に繰り出した。飲み会は非常に楽しく、二次会にも参加した。仕事の不安も忘れることができた。

次の日、二日酔いで会社に行くのがつらかった。そしてまた、仕事終わりに先輩から飲み会に誘われた。仕事の準備をしなければという思いを飲み会の誘惑が上回り、連日参加することになった。結果的に、ほとんど毎日、A氏は飲み会に参加している。

このように、短期的に見ると、私たちは合理的ではない、おかしな意思決定をすることがある。飲み会の誘惑のように、私たちはその時々の感情に影響され、思いもつかないような大胆な行動をとることもある。日々そうした行動が積み重なることで、経済や金融市場は変化しているのだ。

〝なかなかやめられない〟厄介な心理

――「今ある状況を続けたい」と思う現状維持バイアス

何か新しいことを始めようとするとき、不安を感じたり躊躇《ちゅうちょ》したりすることは、誰でも感じる心の働きだ。プロスペクト理論で紹介した認知的不協和などの理論を用いることで、今を優先してしまう心の働きを考察することができる。

今の状況は快適で落ち着いているという認識と、いまだ経験したことのない（不確実な）将

今あるものに大きな価値を見出す現状維持バイアス

今の状況が快適という認識と経験したことのない将来への不安という認知が対立

来への不安という認知は対立する。新しい環境に直面すると、できることなら今の状況を維持したいという思いが高まりやすくなるため、新しい意思決定を下すことに躊躇することもあるだろう。

こうした心の働きを〝現状維持バイアス〟と呼ぶ。今の状況、今あるものに大きな価値を見出し、なかなか変化を受け入れることができない。現状維持バイアスは、日々の生活やビジネスにも多くの影響を与えている。

ある自動車メーカーが新型の電気自動車（EV）の試乗キャンペーンを行った際に、抽選に当たった人には、1週間、SUV型のEVを貸し出していた。しかも、キャンペーンを実施する主要店舗近郊の温泉旅館の宿泊もタダで付いてくるというお得な内容だった。

ある人は、キャンペーンに応募し、運よく当選した。数年前に新車を買ったばかりで買い替えるつもりはなかったが、当たったら家族の思い出になるかもしれないと思い、なんとなく応募したのだ。1週間EVを使ってみると、今乗っているガソリン車に比べて快適だった。

充電ステーションの少なさは気になるが、走行音も静かで荷物の積載スペースも十分、同乗した家族の感想も上々だった。温泉旅館に家族で出かけたことで、良い思い出も作ることができた。彼の心の中で、この車に乗り続けたいという思いは強くなった。

1週間後、ディーラーにEVを返すとき、彼は「EVを手放したくない、今ある状況を続けたい」と思った。「試乗したEVをこのまま買いたい」と販売員に告げた。このとき、その人の心の中に、現状維持バイアスが発生したと考えられる。

現状維持バイアスは、私たちが今ある状況を今後も続けたい、続いてほしいと思ってしまう一つの要因として考えられる。企業で新しい事業領域に進出するか否かを検討する際、「これまでやったことがないビジネスだから、やめた方がいいのではないか」という指摘はよく耳にする。こうした発言の根底にも、これまでの状況を続けたい、不確実な新しい状況は避けたいという現状維持バイアスの影響があるだろう。どうしても、今やっていることは、なかなかやめられない。それが人間という存在なのだ。

わかっちゃいるけどやめられない法則

――動きの慣性の法則を上手に利用した化粧品CM

物理学に、慣性の法則というものがある。物体に外からの力が働かない、あるいは働く力がつり合っている場合に、止まっている物体は静止し続け、動いている物体は、そのまま等速運動を続ける法則だ。

私たちの心にも慣性の法則がある。動いているものは動き続け、止まっているものは静止し続ける。私はこれを、〝心の慣性の法則〟と呼んでいる。あるいは、人間の現状を維持しようという意識は、前述した〝現状維持バイアス〟とも呼ばれる。

心の慣性の法則がどのようなものかを確認してみよう。プロスペクト理論で紹介した価値関数を頭の中に思い起こしてほしい。とにかく損失は避けたいという思いは、多くの人に共通する心理的バイアスといえる。人は手に入れたプラスの価値は減らしたくないと思うため、利得が発生すると、その水準に満足して急いで利食いを行うのだ。

そうした心の働きは、株式投資などに限らず、日常の消費行動などでもよく見かけられる。私たちは一度味わった満足感を簡単に手放せないものなのだ。試してみて良いと思った商品な

動きの慣性の法則を利用した化粧品広告

人は手に入れたプラスの価値と一度味わった満足感は簡単には手放せない

どを使い続けることは多く、化粧品の広告などは、そうした動きの慣性の法則を上手に利用しているところがある。

　ある日、知人のＣ女史が自宅で何気なくテレビを見ていると化粧品のＣＭが流れていた。年齢に関係なく美白を維持するために研究を重ねた新商品だという。値段は高めなのだが、今なら無料で試供品を届けてもらえる。思わず、Ｃ女史はフリーダイヤルに電話をかけて試供品を頼んだ。高いから買うつもりはなかったが、宣伝文句につられ、少し試してみたい気持ちになったのだ。

　試供品が手元に届き使ってみると、何となく肌が透き通ったような気分になった。これまで使っていた化粧品に比べ、自分が綺麗になったような、自信が沸くような高揚感も味わうことができた。これからも、この満足感を味わいたいと思い、試した化粧品を購入することにした。購入しなかった場合、C女史の満足感は低下することになるだろう。満足感の低下は、私たちの心にとってマイナス（損失）となる。彼女は化粧品が高いとわかっていても、やめられなかった。私たちの心の中には、今の慣れ親しんだ状態を続けようとする傾向があるのだ。

やめたことを再び始めるのは面倒な法則
——止まりの慣性の法則と日本経済の長期停滞

心の慣性の法則には、止まりの法則もある。これは新しいことを始めるときに、ためらってしまう心の働きだ。やめたことを再開するのは面倒なので、リスク（不確実性）を冒《おか》すよりも、このままでもいいかなと感じるのだ。〝止まりの心の慣性の法則〟、あるいは〝現状維持バイアス〟は、1990年以降のわが国において、経済にマイナスの影響を与えたと考えられる。

1990年の年初、わが国ではバブルが崩壊した。1991年半ばには地価の下落も鮮明化した。資産バブル崩壊で、わが国の経済は〝失われた30年〟などと呼ばれる長期的な停滞に陥ったのだ。

バブル崩壊で広がった止まりの慣性の法則

経営者はリスクを恐れ、新事業への進出を控えて既存事業の維持を優先した

バブル崩壊で資産の株価は急速に下落し、売るから下がる、下がるから売るという負の連鎖が起きた。1980年代半ばから1989年末までのバブル膨張期、資金を借り入れて〝財テク〟に励む企業や個人も多かったが、バブル崩壊で不良債権問題は深刻化し、景気は冷え込んだ。

急速な資産価格の下落、景況感の悪化に直面し、多くの企業経営者はリスクテイクを恐れた。〝羹《あつもの》に懲りて膾《なます》を吹く〟心理が経済全体に広がったといえる。経営者は、成長が期待できる分野にヒト、モノ、カネを再配分するのではなく、既存の事業の維持を優先した。労働組合は賃上げ要請を弱め、年功序列や終身雇用など、雇用慣行の維持を経営者に求めた。新規の投資、新事業への進出を控え、コストカットを優先する

企業は増えた。

１９９７年度まで、政府は公共事業関係費（ハコモノの公共施設・道路・橋などを建設するための予算）を増やした。公共事業を打つことで、建設分野などの雇用を守ろうとしたのだ。公共事業で景気を下支えすれば、いずれ経済は回復するとの考えもあった。日銀は超緩和的な金融政策を運営した。

しかし、景気は持続的に回復しなかった。不良債権処理の遅れもあり、１９９８年頃から日本経済はデフレ環境に陥った。他の要因も重なり、わが国の個人も家計も政府も、新しい発想を実現して、経済運営の効率性を高めることはできなかった。

その結果、１９９０年代以降のわが国では、賃金は停滞気味に推移した。新しいことに取り組むのではなく、このままが良いと考える人が増えたからである。経済全体で止まりの心の慣性の法則が働き、アニマル・スピリッツは沈滞したと考えられる。〝景気は気から〟といわれるように、その時々の経済の状況は、私たちの心理に無視できない影響を与える。

「のび太」の不合理さと「デューク東郷」の超合理性

──心の慣性の法則と伝統的な経済学を体現する2人

これまで続けていたことをやり続ける。いったんやめると、新しい一歩を踏み出すことが難しくなる。そうした〝心の慣性の法則〟を体現する架空の人物がいる。『ドラえもん』に登場する「のび太」だ。

数あるキャラクターの中でも、のび太は合理的ではない意思決定を行うことが多い。明日の学校に備えて宿題をしなければならないとわかっていても、のび太は自分の部屋で漫画を読みふけってしまう。宿題を後回しにしてジャイアンやスネ夫と野球の試合に出る日もある。のび太自身、野球があまり得意ではないと気づいているようだが、ジャイアンの恐怖と、友達と一緒にいたい誘惑を断つことは難しい。のび太のお母さんも「勉強したの?」と毎回のように心配している。それでも、のび太の行動様式はなかなか変わらない。

翌日、学校に行ったのび太は、宿題をしていないことに気づく。担任の先生は「のび、廊下に立っとれ!」と激怒する。帰宅後、のび太はドラえもんに「助けてよ~」とすがり、ドラえもんは「しょうがないな~」と言いつつも、四次元ポケットから道具を出す。のび太の行動様

のび太の行動様式とデューク東郷の超合理的な人間像

行動経済学と伝統的な経済学をイメージできる２人のキャラクター性

式は、今あることを続けたい、宿題のように面倒なことは後回しにしたい、という行動経済学が示す現状維持の心理をよく表現している。

それとは対照的に、伝統的な経済学の理論が前提とする、超合理的な人間像にピッタリのキャラクターも存在する。『ゴルゴ13』の主人公である「デューク東郷」だ。伝統的な経済学にある合理的な経済人は、すべての利用できる情報を集め、ありとあらゆる技法や知識を使って、自分にとって最高の満足度（効用）を実現する。そして瞬時に、ベストの策を見出し、最高の成果を上げるスーパーマンのような存在だ。

デューク東郷こそ、合理的経済人と呼ぶにふさわしいだろう。彼の合理性のポイントは3つある。まず、デューク東郷の状況判断と依頼された案件の遂行能力はすこぶる高い。2つ目は、デューク東郷はクライアントの依頼した内容（多くは狙撃による暗殺）を徹底して実現する。3つ目に、合理的な経済人も法律や予算などの制約を受け入れるように、デューク東郷は法律を遵守しない一方、自らが課したルールや気象条件、距離などの制約を受け入れている。

行動経済学の理論を用いて個人の消費に関する意思決定などを考えるときは、「のび太」をイメージするとわかりやすくなるだろう。一方、長い目で考えると、私たちは様々なことを学習し、合理性は高まっていくと考えられる。伝統的な経済学で経済を分析する際は、「デューク東郷」のように超合理的な人物を前提に考えると、分析の結果を理解しやすくなるかもしれない。

意思決定の〝ファスト〟アンド〝スロー〟

──素早い決断と時間をかけて熟慮することを使い分ける

2002年、〝プロスペクト理論〟でノーベル経済学賞を受賞したダニエル・カーネマンは、行動経済学をわかりやすく紹介する著書も出版した。2011年に発売された『Thinking, fast and slow』（筆者訳：ファストとスローな思考）はカーネマンの代表作だ。同書は、私たちの意思決定（心の働き、思考）を２つのシステム（物事の秩序だった仕組み）に分けて考察している。

１つ目は、素早い（ｆａｓｔ＝迅速な）決断だ。カーネマンはファストな意思決定のシステムを次のように定義した。「自動的に素早く、ほとんど、あるいはまったく努力や自らの意思を感じることのない思考」だ。その例としては、恐ろしい写真を見せられたときに人々が示す嫌悪感や不安な表情、「２＋２＝？」の問題に答える思考、相手の声色《こわいろ》に敵意を感じる瞬間などだ。これらはいずれも、直感的に、ほとんど無意識に行っている方は多いと思う。

２つ目は、慎重に、時間をかけて（ｓｌｏｗ＝ゆっくりと）熟慮し、意思決定を行う場合だ。カーネマンによると、スローなシステムは複雑な計算など思慮深い洞察を伴う認知であり、主観に基づく行為、選択、集中などを伴う。その例としては、１００メートル走などのスタートに備える、混雑して騒々しい雑踏の中で特定の人の声を聴き分ける、２つの洗濯機のどちらがいいかを比較するなどだ。これらのことは、慎重に熟慮・熟考するのが適切と考える人は多いだろう。

「２＋２は？」と問われると、すぐに「４」と答える。一方、「45×78は？」と聞かれると、すぐに答えるのは難しいだろう（ちなみに答えは３５１０）。私たちは直感と熟慮を使い分けて、

友人と上司にプレゼントする場合の意思決定の違い

直感的な意思決定（ヒューリスティック）と熟慮・熟考の意思決定に分かれる

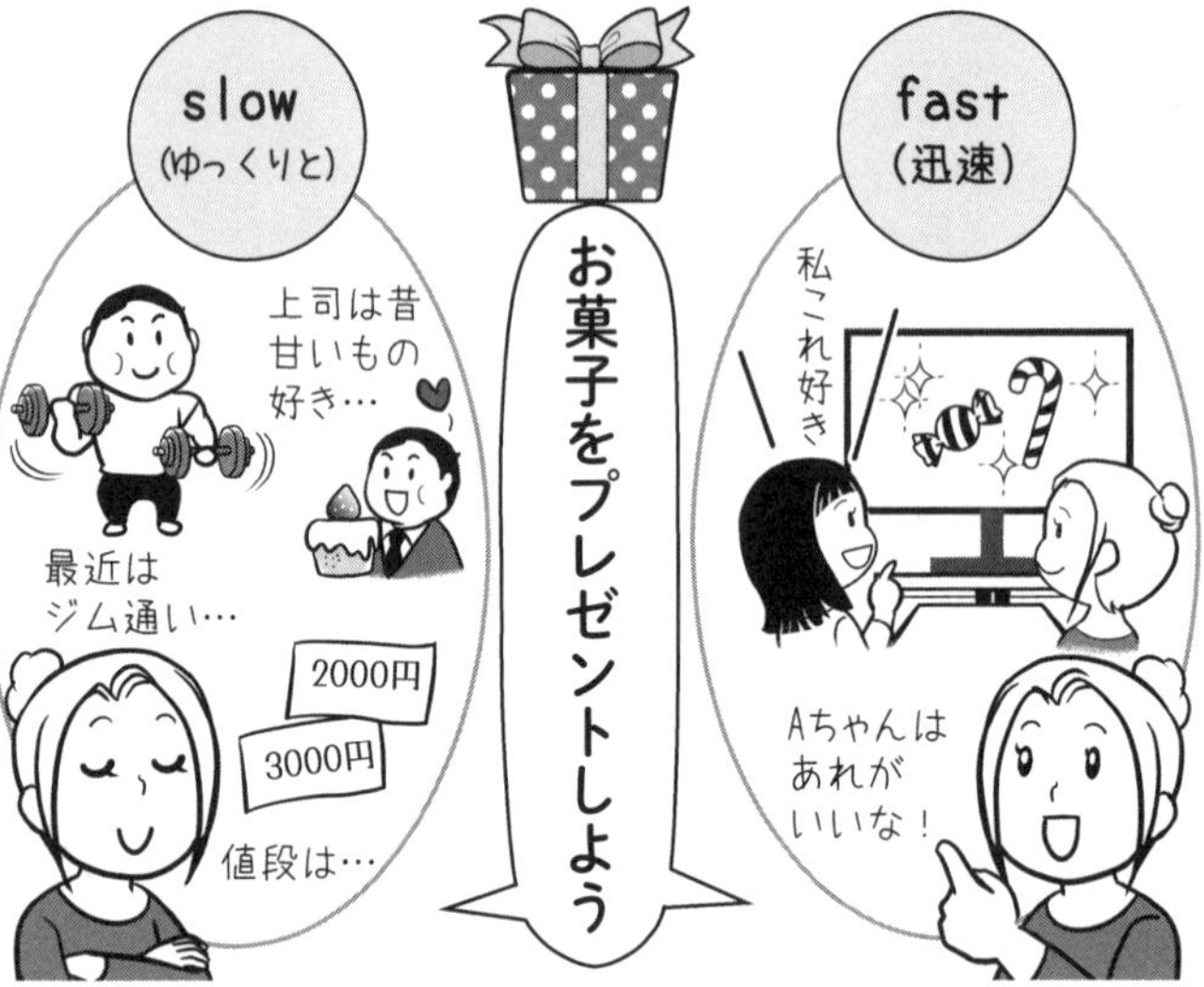

意思決定を下しているのだ。

お菓子を親しい友人に送る場合と、上司にプレゼントするケースを比較してみよう。親しい友人にお菓子をあげる場合、ＣＭで見たお菓子や、友人が好きだと言っていたチョコレートなど、直感を頼りに選ぶことが多くなりがちだ。このように、物事をざっくりと把握し、直感的に（とっさに）意思決定したりすることを行動経済学では〝ヒューリスティック〟と呼ぶ。四捨五入のように、複雑な情報を単純化するのはヒューリスティックの典型例だ。

一方、上司にお菓子を差し上げるとなると、選び方は異なる。慎重に上司の好みを思い出しながら、相応の価格帯のものを探すことになる。昔は甘いものが好きだったが、最近はジムに通い、体重管理に気を使っていることも条件に加わる。熟考すべき要素は、親しい友人とは異なり増えてくるのだ。

自分の満足感を高めるために、本来なら可能な限り冷静沈着に熟考を重ねて意思決定をした方が良さそうだ。ただし、脳の情報処理能力は限りがあるので、渋滞時の車の運転のように注意を継続すると疲れを感じやすくなる。認知の力を節約するために、私たちはとっさに判断したり、直感的に物事をとらえたりして意思決定を行うと考えられる。

その結果、合理的ではない行動につながることもあるのだ。このように、カーネマンら行動経済学者の研究の積み重ねで、生身の人間の意思決定を、実態に則して整理し、理解を深めることができるようになった。

行動経済学で迫るビジネスのダークサイド

――収益を追い求める心理と不正や悪事を続けてしまう心理

第1章は、伝統的な行動経済学が前提とした〝合理的な経済人〟と、行動経済学が分析の対象とする〝生身の人間〟の意思決定の在り方などを解説した。短期的に見ると、私たちはとても合理的とはいえない、おかしなことをすることもある。そのような生身の人間の選択をわかりやすく説明するため、行動経済学のニーズは高まっているのだ。

そのニーズは大きく2つに分けられるだろう。1つ目は、経済や企業の事業運営の効率性の向上だ。企業の目的は、社会の公器としての長期存続である。長期存続を実現するために、毎四半期、毎年度、着実に収益を獲得することが大切だ。収益（利得、満足感）を追求する心理が強まると、私たちは近視眼的に、目先の収益を極大化しようとすることもある。収益を増やすため、消費者が無意識のうちに自社の製品やサービスを使い続けるような仕組みを作ることは多い。

テレビの通販番組を見ていると、「本日限り、希望小売価格から30％オフ、翌日からは定価販売」などの文言をよく目にする。視聴者は「今買わないと損だ」と思わず購入してしまう。こうしたマーケティングは、とにかく損はしたくないという人間の心理を突いたものといえる。

2つ目として、不祥事などの原因を究明し、再発リスクを抑えるために行動経済学の注目は高まっている。近年、国内外の企業で、不適切な会計処理や自動車などの認証不正問題が起きている。不適切な会計に関しては、業績の悪化という事実と、〝名経営者〟という経営トップの自負やプライドなどが対立することによって、組織全体に無理難題が課されたことが原因の一つと考えられる。

経営者自身が自分は有能であり、失敗は認められないという認知的不協和（ストレス）から、コンプライアンスを軽視したり、実現不可能な命令を組織や部下に課したりすることもあるだろう。そうした心理を客観的にとらえるため、プロスペクト理論などは役に立つ。

私たちには、これまでと同じことを続けてしまう傾向もある。現状維持バイアスは、一部企業での認証や試験の不正を正当化する要素になった可能性は高い。「自社の製造技術は高い」「これまでのやり方で問題にはならなかった」「バレなければ不正を続けても問題はない」など、こうした心理が組織に浸透すると、不正、不適切な事案を見つけ、早期に是正することは難しくなる。少しくらいなら大丈夫だと思って、多くの人が不適切な業務を続けてしまうのだ。

時間が経過すると、良心の呵責《かしゃく》から内部告発が起きることもある。監督官庁の検査で不適切な事案が明らかになることもある。発覚したときには、対応が難しいほど深刻化していることも多く、経営陣の辞任や倒産に発展するケースもある。

現状維持バイアスなどの心理に影響され、良識と常識から逸脱したことを続けると、取り返しのつかない深刻な問題に直面してしまう。私はこれを〝悪事発現の法則〟と呼ぶ。悪いことは真っ先に報告し、対応をとるべきだが、なかなかそうはいかない。性悪説に則った業務管理は難しいともいえる。

行動経済学を学ぶことで、収益を追い求める心理、悪いことだとわかっていても続けてしまう心理も理解しやすくなるだろう。それは、ビジネスや経済活動の本質やこれまであまり意識が向かっていなかったダークサイドを理解するきっかけになるかもしれない。

第2章

ヒット商品の本音と建前

ヒット商品の裏に行動経済学あり

――行列や群衆に安心し、専門家（権威）に服従する心の働き

第2章では、どのようにして商品の需要を創出するか、行動経済学の知見を用いて考える。製造業や非製造業、ハードウェアとソフトウェアなど業種や商品の違いはあるが、ヒットしている（多くの人がどうしても手に入れたいと思う高価格帯の）商品の開発やマーケティングの方法を分析すると、行動経済学の理論が当てはまることは多い。

多くのケースに当てはまるのは〝群集心理〟（バンドワゴン効果など）、〝損失回避〟、〝現状維持バイアス〟、〝フレーミング効果〟（思い込みや先入観）などだ。店舗内で流れている音楽などが消費者の心理に影響することもある。心の働きを刺激することで、企業が人々の購買意欲に影響を与えることは可能と考えられる。

身近なケースで思い当たるのは、ラーメン屋だ。街中を歩いていると、ラーメン屋は数多くある。博多とんこつや味噌ラーメン、横浜家系ラーメン、個人経営のラーメン屋もあれば、大手のラーメンチェーンもある。新規の参入、市場からの撤退が激しく入れ替わる業界でもある。

ある日曜日の午前中、あなたは駅前の商店街を歩いていたとしよう。歩いていると、人気の

人気のラーメン屋に行きたくなる心理

行列や群集に安心し、専門家（権威）に服従する心の働きが影響している

ラーメン屋を見つけた。開店前なのに、店の前に長蛇の列ができている。大勢の人が開店を待つ状況を見たあなたは、行列ができているからきっとおいしいのではないか、と直感的に思う。

情報収集のためにスマホでラーメン屋を検索する。SNSを確認すると、午前11時から開店するところ、朝8時から並んでいるとの投稿を見つけた。そんなにおいしいのか、と食べてみたい欲望は高まってくる。他のコメントには、あのラーメン屋はいつ行っても長蛇の列だからぜひ行きたい、ともある。

別の投稿を見ると、首都圏の人気のラーメン屋ランキングでトップ5に入っているとの情報も見つけた。ラーメン愛好家の間で信頼度の高い評論家も、スープの取り方、自家製麺ののどごし、盛り付け方など、総合的な評価が高い。

ネット検索でも、おいしいラーメン屋だとの評価は多かった。あなたは、せっかく店の前まで来たのだから食べていこうと決断して列に並んだ。

日常生活を振り返ると、よく似た経験をした方は多いかもしれない。行列や群衆を見ると、何となくついていきたくなる。評論家や専門知識を持ったプロのお墨付きがあると、安心感が高まり、つい試したくなる。ヒット商品や人気店舗が生まれる背景には、群れを成すことに安心する心理、専門家（権威）の意見への追随（服従）などの心の働きが影響していることが多い。行動経済学を使って心の働きを学ぶことは、商品の需要の創出に有効と考えられる。

ビジネスチャンスが拡大する初頭効果

——〝ぱっと見〟でポジティブな印象を与えることの重要性

あなたは、車を買い替えようと思い、近所のディーラーに行った。対応してくれた担当者は、アイロンのかかったワイシャツを着て、鮮やかな赤いネクタイを締め、よく手入れされたスーツを着ていた。髪型も小綺麗にまとまっていて、好印象を持った。表情も落ち着いており、こちらのペースに合わせて話をしてくれる。

ぱっと見のポジティブな印象が消費者の選択に影響

最初に頭に入ってきた情報に重きが置かれ、その後の意思決定にも影響する

あちらにある
流行の
モデルは～
この担当者は
いい感じだ
この車いいかも
初頭効果の良い例

「乗り換えの候補としてSUVを考えている」とあなたが話すと、担当者は最近流行りのモデルを紹介してくれた。走行の性能や燃費、室内の広さや荷室の容量など、要点を押さえて手短に長所を説明してくれた。他社のモデルにも関心があったが、この担当者が紹介してくれたモデルを買いたいという気持ちが高まった。

自動車や保険のセールスの成績が上位の営業担当者は、顧客の潜在的なニーズを短時間で汲み取り、好印象を与えるように最善の努力をしていることが多い。営業担当者のスキルをまとめた〝セールス必勝本〟も多く出版されている。

ポジティブな印象に惹かれて思わず買ってしまうというのは、行動経済学のヒューリスティックの一つ、〝初頭効果〟の良い例だ。1章でも少し触れたが、ヒューリスティックとは、

複雑な物事の大枠をざっくりと、直感的にとらえることをいう。ヒューリスティックは物事を大きくつかんで、詳細な点をほとんど考慮に入れていない認識の仕組みといえる。

初頭効果は、最初に頭に入ってきた情報に重きが置かれ、その後の意思決定に大きな影響を与えることをいう。簡単にいうと、〝ぱっと見〟だ。今回のケースでは営業担当者の最初の印象、見た目などが消費者の選択に影響している。

かつて、〝人は見た目が9割〟という話を聞いたことがある。朗らかな笑顔の人と会うと、何となく心は和む。話しやすい気持ちになり、「この人はいい人かもしれない、仲良くなれそうだ」と思うだろう。その反対に、しかめっ面をして眉間にしわを寄せている人と会うと、やや不安な気分になる。話しかけるのは何となく気が引けるような気持ちになる。このように、ぱっと見の印象が評価に影響するのは初頭効果の良い例だ。

もちろん、見た目だけで物事がうまくいくとは限らないし、その人の実力が大切であることは言うまでもないが、ぱっと見の印象が良いか、悪いかは、その人の評価に影響する。ポジティブな印象を与えることができれば、相手から好印象を持たれるかもしれない。職場での立場や出世においても、人間関係の中での好き・嫌いが影響することはよく聞く話だ。

ファーストインプレッションでポジティブな印象を与えることができると、ビジネスのチャンスは増えるだろう。需要を創出するため、商品のポジティブな側面を引き出し、潜在的な顧客に伝えるか否かは、企業の収益に影響する可能性が高い。今一つマーケティング戦略の成果が上がらないと思うときは、初頭効果に着目し、ポジティブな印象を伝えられているかどうか、確認してみてはどうだろう。

「ブルーライト・メガネ」はなぜ売れた？

――実際のメガネの効果よりも初頭効果とアンカーリングが影響

どのようにして商品の需要が生まれるのか、初頭効果などヒューリスティックに着目してもう少し考えてみたい。ここで取り上げるのは、近年、使用している人を多く見かける「ブルーライト・メガネ」だ。

コロナ禍をきっかけに、世界的に在宅勤務やテレワークが当たり前になったことで、画面を見る頻度が増えたため、目を守るブルーライト・メガネを買う人が増えたとの指摘もある。なお、ブルーライトは一般的に、波長が380〜500ナノメートル（ナノは10億分の1）程度の光線をいう。光源は、スマホやパソコン、テレビ、LEDライトなどの照明や太陽などだ。ブルーライトのカットは、網膜の保護、睡眠の質を改善する効果があるようだ。

意思決定に影響した初頭効果とアンカーリング

最初に得たポジティブな印象と目に良いと聞いた記憶が購入を後押しする

ブルーライト・メガネを買い求めた人は、青色の光線から目を守ることが大切だという宣伝広告（比較的、最初に得た情報）に影響され、購入を決定した可能性がある。それは初頭効果によるものといえるだろう。最初にポジティブな印象を人々に伝えることの大切さがわかる。

また、どこかで誰かが「ブルーライト・メガネは目に良い」と話をしていたことを、ふとした瞬間に思い出して買った人もいるだろう。何らかの情報（参考値）が知らない間に心にインプットされ、船を係留する〝錨《いかり》＝アンカー〟のようにして、無意識のうちに意思決定に影響を与える。これを〝アンカーリング〟と呼ぶ。

では、ブルーライト・メガネを買い求めるとき、本当の意味で、需要者はメガネの効果を詳細かつ正確に理解したのだろうか。眼科分野の専門家の間でも、その効果の有無は様々であるようだ。ブルーライトが網膜に影響を与えることは確認されたが、ブルーライト・メガネがその解決手段になるか否か、十分なデータ（エビデンス）が揃っていないので、結論を出すのは時期尚早との見方もある。

ブルーライトが目や睡眠に与える影響、メガネによる光線の削減効果などを客観的に確認する前に、ブルーライト・メガネを買い求めた人は多いだろう。多くのケースにおいて、ブルーライト・メガネは目を守るために良いモノという初頭効果、目に良いと聞いた記憶（アンカーリング）が、消費者の選択に影響した可能性は高い。さらに周囲の大勢が使っているから、自分も使ってみようという群集心理の影響も考えられる。

消費者を守るために、企業が公正かつ正確な情報を開示することは欠かせない。その上で、自社の新製品やサービスが、人々と社会に良い影響を与え、新しい価値観を示すことができれば需要は増えるだろう。それは、ヒット商品の創出に重要な発想と考えられる。

思わず野菜に手が伸びる選択の仕組み

――ナッジを利用して人気店舗になった健康志向のビュッフェ

医療の向上や新薬開発によって、わが国をはじめとして各国で平均寿命は延びている。日々の食生活で脂質や糖分を減らしたり、ジムで運動したりして健康管理に気をつける人も多く、健康に関する需要は世界全体で高まっている。

一方、健康に良いとわかっていても、医師や家族から「運動をした方が良い」とか、「お肉の量を減らしたら」と言われると、余計なお世話だと思ってしまう。私たちは「あれをやれ」「これをやってはならない」と指示されると、どうしても反発したくなるものだ。このような「言うことを聞きなさい」と頭ごなしに命じるお父さんのように、個人の選択に介入し、自由を制限することを〝パターナリズム〟(父権主義)という。

制限されると、どうしても反発を覚える人は多い。自由な選択の余地を残すことは、人々の良い意思決定に有効と考えられる。自由な選択を尊重(リバタリアン)しつつ、それとなく人々の意思決定に関与して誘導することを行動経済学で〝リバタリアン・パターナリズム〟と呼ぶ。最近よく耳にするようになった〝ナッジ〟である。ナッジとは、肘で突《つつ》くという意味がある。

自由を制限せず、選択の余地を残すことによって誘導

ナッジを利用し、料理の並べ方を工夫することでプラスの効果をもたらした

ナッジは、社会・経済・公衆衛生など、政策の分野で用いられることが多い。対象とする範囲が広いのである。だからといって、個人や企業で役に立たないわけではない。ナッジの発想を応用することで、健康志向な人々の人気を得た企業もある。

ニューヨークのあるビュッフェでは、ビュッフェでの料理の取られやすい配置を利用し、店の入り口側にオーガニックの野菜を並べた。さらに新鮮なトマトやレタス、各種サラダを盛りつけたトレーにはLEDライトで明るい照明を当て、野菜のフレッシュさなどがイメージできるような工夫も凝らした。

店の奥へと進むにしたがって、魚や肉類、デザートやカロリーの高い料理を並べている。肉やカロリーの高い料理などを排除するのではな

く、選択の余地を残しておくこともナッジでは重要だ。野菜を手前に並べ、照明を当てることで目につきやすくし、健康的な食事へお客の意思によって誘導したのである。

このビュッフェで食事をする常連客からは、「なんだか最近、体調がいい」「体が軽くなった気がする」などの好評が寄せられた。SNSでも、オーガニックな食材を使った健康志向の優良ビュッフェとして口コミが広がり、連日、長蛇の列ができたという。ナッジの知見を活かしたビュッフェの人気店舗といえるだろう。

健康のためにあれをしろ、これを守れと言われると、私たちはどうしても反発したくなる。しかし、人々の自由な意思決定を大切にしつつ、料理の並べ方を変えることで、消費者、企業、社会にとってもプラスの効果がもたらされる可能性は高まる。健康に良いとされる食品、オーガニック野菜が人気を得る背景には、こうした心の働きがあるようだ。

選択肢が多すぎると人は決められない

――ヒット商品を生み出すためには選択肢を絞ることが重要

先日、就職したばかりの私の教え子から相談したいことがあると連絡があった。確定拠出型年金に関する相談だった。「勤め先の総務部から〝企業型確定拠出年金〟の書類を渡され、どの商品に投資するか決めて申請してくださいと言われました。書類を見たのですが、非常に迷いました。だって、選択肢が多すぎるんです。日本株に投資する投信だけで20ファンドあります。海外株式は25ファンド、世界全体に投資するファンド、米国のハイテク株ファンド、アジア新興国投信などに分かれています。債券のファンドは、国債だけに投資する商品と、社債に投資する商品があって、混乱してしまいます。結局、何が良いかわからなかったので、すべて預金にしようと思います。先生、どう思われますか?」とのことだった。

一般的に、選択肢が豊富であることは、満足度の高い意思決定に有効に見える。しかし、私たちの心の働きは必ずしもそうではない。選択肢が増えると、どれがベストな意思決定か、判断しづらくなるのだ。

まずAとBを比較する。次に、CとDを比べる。そしてDとAがもたらす満足度を吟味する。

選択肢が増えるとベストな判断が難しくなる

比較と検討を繰り返すと、結果的に納得できない選択になることもある

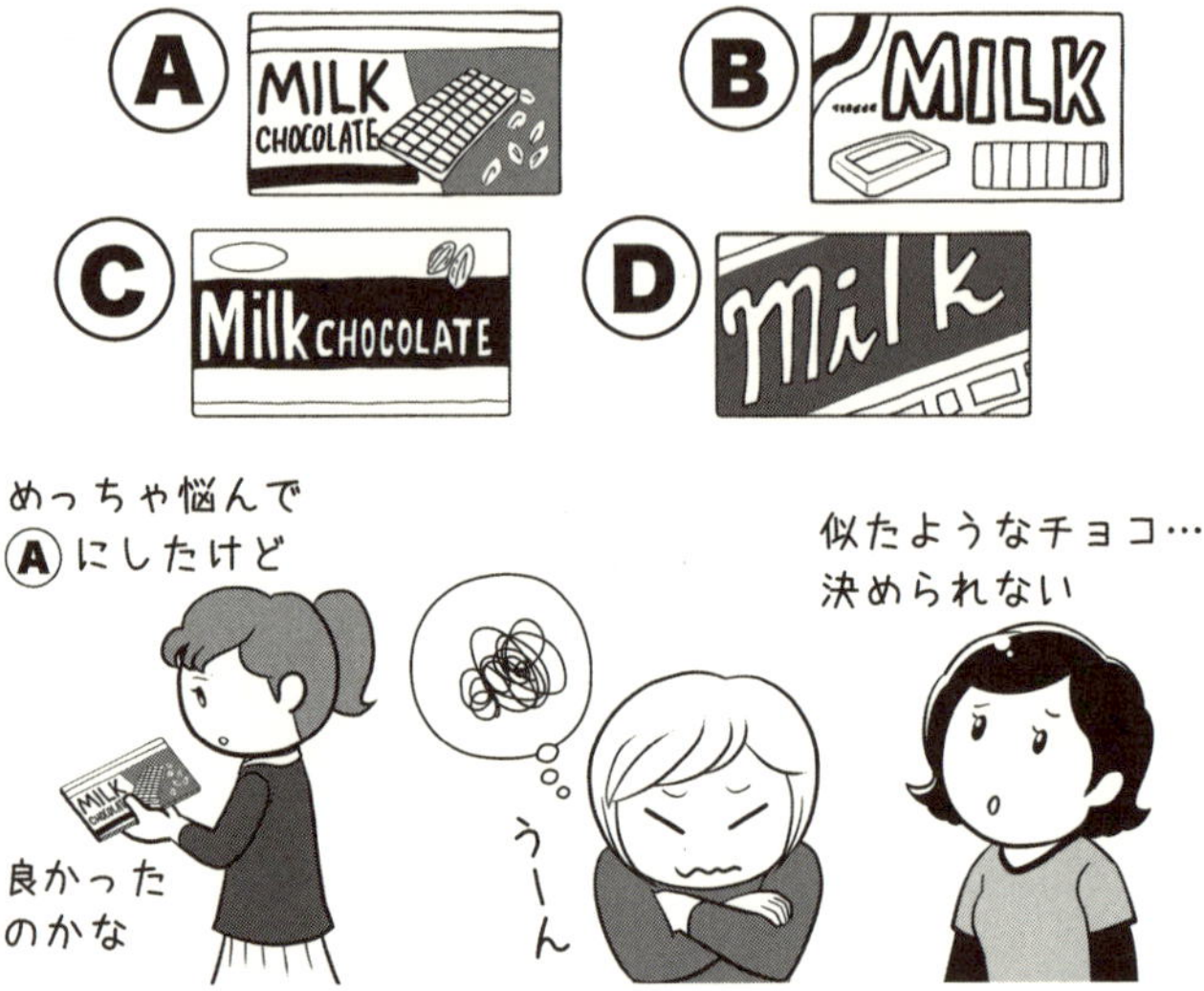

比較と検討を繰り返すと、どれが自分にとって最適な選択肢かを決めるのは容易ではない。頭が混乱してくることもある。理屈としては良いことのように見えていても、結果的に納得できない逆の結論に行き着いてしまう。これを行動経済学では〝選択のパラドックス〟と呼ぶ。パラドックスとは、逆説のことである。

選択肢が多すぎると決められない心の働きを確認する実験もあった。コロンビア大学の研究者は、スーパーマーケットにジャムの試食コーナーを作った。24種類のジャムと6種類のジャムの組み合わせを作り、陳列時間を入れ替えて提供したのだ。2つの組み合わせごとに消費者の反応がどうだったかを確認すると、選択肢の少ない6種類のジャムを購入した人が多かった。

ビジネスでは、「プレゼンテーションのポイントは、一つに絞ると良い」と言われることが多い。情報が増えるほど、私たちは何が重要か、判断することが難しくなるものだ。消費者の潜在的な需要をつかむために選択肢を絞ることは、企業が収益を獲得したり、ヒット商品を生み出したりするために重要と考えられる。

選びやすい環境が選択を助ける
——選択の迷いがなくなる〝今日のおすすめ〟の効果

企業で商品の開発や営業などを担当している人にとって、消費者の選択肢を増やすことは重要視していることだろう。そうすることで、若年から高齢者、様々な所得層などの幅広い顧客をターゲットにできるかもしれない。当初の予測通りに売り上げが増えない展開（リスク）に備え、あらゆるパターンの方策も準備できる。

一方、選択肢が多いと私たち（消費者）は何がベストなチョイスなのか、選ぶことが難しくなる。この〝選択のパラドックス〟は、前述した通りだ。選択肢が多い場合、私たちはどれが自分に合うか思い悩む。Aを選択しようとするとB、C、D、Eなど他の選択肢も気になる。

消費者が選びやすい環境を作る

商品やメニューをおすすめされることで、消費者は選択の迷いがなくなる

選択したことで、他の選択を諦めた後悔（意思決定の失敗）を感じることもあるだろう。迷った挙句、今回はやめておこうと思うこともある。選択に不安を感じると意思決定は難しくなり、無力感が高まる人もいる。そうなると消費者の関心は他の企業、他の商品に向いてしまうかもしれない。

選択肢が多すぎて選べないもどかしさ、選べないことのストレスなどを回避するためには、選択肢を少なくする方法の他に、選びやすい環境を作ることが大切だ。

レストランに行ってメニューに迷っていると、店員が「今日のおすすめはサケのムニエルです。サケは今が旬の魚なので、脂が乗っておいしいですよ」など、一押しのメニューを紹介してくれることがある。スーパーでよく見かけ

る、〝今日のおすすめ〟と書かれたポップも迷っている私たちにとって選択の一助になるだろう。

おすすめのメニューがないと、私たちは数多くのメニューの中から自分に最適だと思うものを選ばなければいけない。選択することにストレスを感じる人もいるだろう。仕方なく思い切って選ぶこともあるだろうし、その結果が期待外れのときもある。顧客が、あの商品の選択は失敗だった、と思うことは企業にとってマイナスだ。顧客との長期の友好関係を築くために、選択しやすい環境を作って仕組みを整えることは、成功する企業にとって重要なことである。

行動経済学で考えるＴｉｋＴｏｋのヒット

――現状維持バイアスや動画を探す負担を軽減して中毒性が倍増

選択肢が多い場合、利用者に何がいいのかを選んでもらうのではなく、はじめから企業サイドでユーザーに適したモノやコトをおすすめするのも一つの方法だ。選択の手間を減らすことで世間に浸透したのが、中国の北京字節跳動科技（バイトダンス）が運営するＴｉｋＴｏｋ（ティックトック）だ。ＴｉｋＴｏｋは、ＳＮＳの中でも短編の動画投稿に特化している。

ＴｉｋＴｏｋの大きな特徴として、アルゴリズムによってユーザーの好みに合うと判断された短編の動画を自動で流すことにある。これによってアプリのユーザー自らがキーワードを設定し、見たい動画を探す負担は軽減できる。アプリ自体があらかじめ心に刺さる可能性が高いコンテンツを自動的に提示し続けるのだ。

それを可能にしたのはＡＩ＝人工知能の成長だ。ＡＩは膨大なユーザーの選択履歴などをビッグデータとして学習し、物事の因果関係を推論する。ユーザーが関心ある動物や料理など、特定のキーワードをアルゴリズムが認識し、それに合うおすすめの動画を流す。ＩＴの技術向上もあり、素人でも手軽にハイクオリティーな動画を作成することもできる。

しかも、１本の動画は15〜60秒と短い。長時間の動画を見続ける必要はないのだ。隙間の時間を活用して気軽に好みに合った動画を視聴し続けることができる。面白くないと感じた動画があっても、すぐ次の動画が流れる。それも新規ユーザーの獲得に貢献した要素と考えられる。

これは学生のように日々勉強や部活などに忙しい世代でも、ＳＮＳに時間を取られてしまうという、ある種の罪悪感を持ちづらい工夫が施されているとの見方もできる。視聴数が伸びることで、新しい動画を作成しようとする投稿者の意欲も出る。人気ティックトッカーの発信力は高まり、広告などの需要は増える。

行動経済学の理論を用いて考えると、ＴｉｋＴｏｋは選択肢が多くて決められないという心の働きを逆手に取った。選択肢が多いことで悩むなら、はじめから選択する必要性が低い、あるいは、ない環境を作る。選択の手間が省けたことで、無意識のうちに快適さを感じる人は多いだろう。

おすすめ動画をアプリが流し続けることで、ユーザーはＴｉｋＴｏｋの世界にはまる。動画を見たり、投稿したりし続ける。ＴｉｋＴｏｋは、今やっていることをやり続けるという、〝動きの心の慣性の法則〟も活用した。心の働きに着目することで、ＴｉｋＴｏｋは〝中毒性〟があるといわれるような世界的ヒットを実現した。今後、ＡＩの成長が進むことで、人々の選択の手間を減らし、現状維持バイアスなども活かして収益を得ようとする企業は増えるだろう。

お寿司の松竹梅で竹を選んでしまう心理

――極端な選択肢は回避して真ん中を選ぶ驚きの割合

私たちの心には、極端な選択肢を回避したいという働きもある。行動経済学ではこれを〝極端性の回避〟などという。トヴェルスキーらの実験では、低価格・低機能、中価格・中機能、高価格・高機能の3種類のカメラを被験者に提示し、どのカメラを買うか調べた。その結果は、中価格・中機能を選んだ割合が最も高かったのである。

３つの選択肢のうち、真ん中を選ぶ傾向が強くなる

損失回避が働き、最高値と最安値の極端な選択肢を回避する人が多い

実験の結果を解釈すると、選択肢を設定する場合は３つが良い。３つの選択肢のうち、両サイド（極端）の選択肢を選ぶ人は少なく、真ん中を選ぶ傾向が強くなる。

極端性を回避する心の働きを活かしている企業は多い。松竹梅の３つのメニューを出しているお寿司屋さんもその一つだろう。ある日、友人とランチを食べるためにお寿司屋さんに入った。メニューを見ると、松は２５００円、竹は１６００円、梅は１０００円と記されている。

あなたは、ここで悩むかもしれない。一番高い松を選ぶと、一緒に行った友人に無理な出費をさせるかもしれないし、高い割においしくないかもしれない。だからといって、梅の１０００円は安すぎるように思う。一番安いメニューを選ぶと何だか肩身が狭い気分にもなる

し、友人からお金に困っているのかと思われるのも嫌だ。

悩んだ挙句、あなたは真ん中の竹コースを選んだ。友人も同じ竹コースを選んだので安堵した。ケースにもよるが、松竹梅の選択割合はおおよそ2：5：3といわれる。両端、つまり最高値の松コースと最安値の梅コースを回避する要因として損失回避が働き、真ん中の竹コースを選ぶことで良しとするのである。

極端性を回避する心の働きを活かすために、松と竹の価格差は大きめにして、竹と梅の値段の違いを少なくすると効果的だという指摘もある。一番安い梅メニューに少し金額を足した竹メニューでも、金額以上の高い満足感を得られることが、消費者やお店にとって最適のようだ。

思わず買ってしまう〝おすすめ〟の魔法
――潜在意識を刺激することで合理的な意思決定を狂わせる

人々の心に刺さるモノやコトをおすすめすることで、成長を実現している企業は多い。アマゾンなどのネット通販サイトにアクセスすると、購入したモノやサービスの履歴データに基づき、ユーザーの好みに合った商品や書籍などが表示される。これをきっかけにして、おすすめ

合理的な意思決定を狂わせる“おすすめ”

現状維持バイアス、損失回避などの心の働きが影響して思わず購入してしまう

されたモノを思わず買ってしまった人は多いだろう。

ファッションに敏感な若い知人は、「おすすめされると、買わずにはいられない」と話していた。「今月のおすすめファッションアイテム」と件名の付いたメールが通販サイトから自動で送信されてくると、彼は必ずサイトにアクセスしてしまう。やめようと思っていても、なかなかやめられないとよく口にしている。

アクセスしたほとんどのケースで、彼は対象の商品を買ってしまう。購入したアパレル製品を必ず着るのかというと、着ないものもある。「使わないものがあることも理解しているし、おすすめ品を買うことが合理的ではないとわかっているが、商品を見た瞬間、欲しいという気持ちが先走ってしまう。買うのを見送ると、

何とも言えない残念な気持ちに陥る」と知人は話していた。客観的に分析すると、現状維持バイアス、損失回避などの心の働きが影響し、合理的な意思決定を下すことが難しくなっているのだ。

アマゾンなどの通販サイト以外にも、ネットフリックスやＹｏｕＴｕｂｅなどの動画視聴サイトでも、ユーザーの好みに合ったコンテンツを自動で紹介してくれる。紹介されると、つい動画を見てしまう人も多いだろう。特に、ＹｏｕＴｕｂｅは有料プランにして広告が表示されないように設定（オプト・アウト、選択を拒否する意味）しないと、様々な製品やサービスの広告が動画の合間に流れる。気になった広告をクリックして、思わず商品を購入してしまう人もいるだろう。背後にあるのは、ネット利用増に伴って重要性が高まるビッグデータの存在だ。

ビッグデータは、人々が自分では十分に把握できない潜在意識の世界を表している。ＩＴ先端企業はＡＩにビッグデータを学習させ、個々の検索結果、購入ヒストリーなどから得られる特定のキーワードなどを元に、心に刺さるモノやコトを〝おすすめ〟する。おすすめされると、人々の脳の中では通販や動画などのサイトで得た満足感を思い出し、その満足感を再び味わうために、おすすめされたモノを手に入れたい、おすすめされたコンテンツを楽しみたいという欲求が高まるのである。

ハーディング現象が起きるランキング表示

――みんなが買っている商品は、自分も買いたくなってしまう心理

物事の順位付け＝ランキングも、私たちの意思決定に影響している。日常生活の中で、ランキングを目にするケースは非常に多い。国内外のニュースサイトでも、必ずといっていいほどアクセスされた記事、コラムなどのアクセス数ランキングを表示している。

ランキングの期間も、過去1時間、24時間、1週間、3カ月、ここ1年間で最も読まれた記事のランキングを詳細に示しているサイトもある。このランキングがあることで、私たちは社会の平均的な関心が何であるかを理解しやすくなった。ある経済の専門家は、「講演などで聴衆の関心をつかむために、米国のＩＴ企業が運営しているトレンド確認機能を活用し、人々の関心が何か、どこに向かっているかを常に確認するようになった」と話していた。

ランキングは、モノやサービスの需要増加にも影響する。ランキング上位の商品（情報）は、やはり人気が高く、人々の需要が旺盛であることを意味する。人気が高いと、身の回りの多くの人が使っている、あるいは知っている可能性も高い。

実際に、人気の商品を使っている人を見ると、安心感を抱き自分も使ってみたいと思ってし

みんなの行動を真似したくなる心理

群集心理が刺激されると、安心感を抱き自分も使ってみたいと思ってしまう

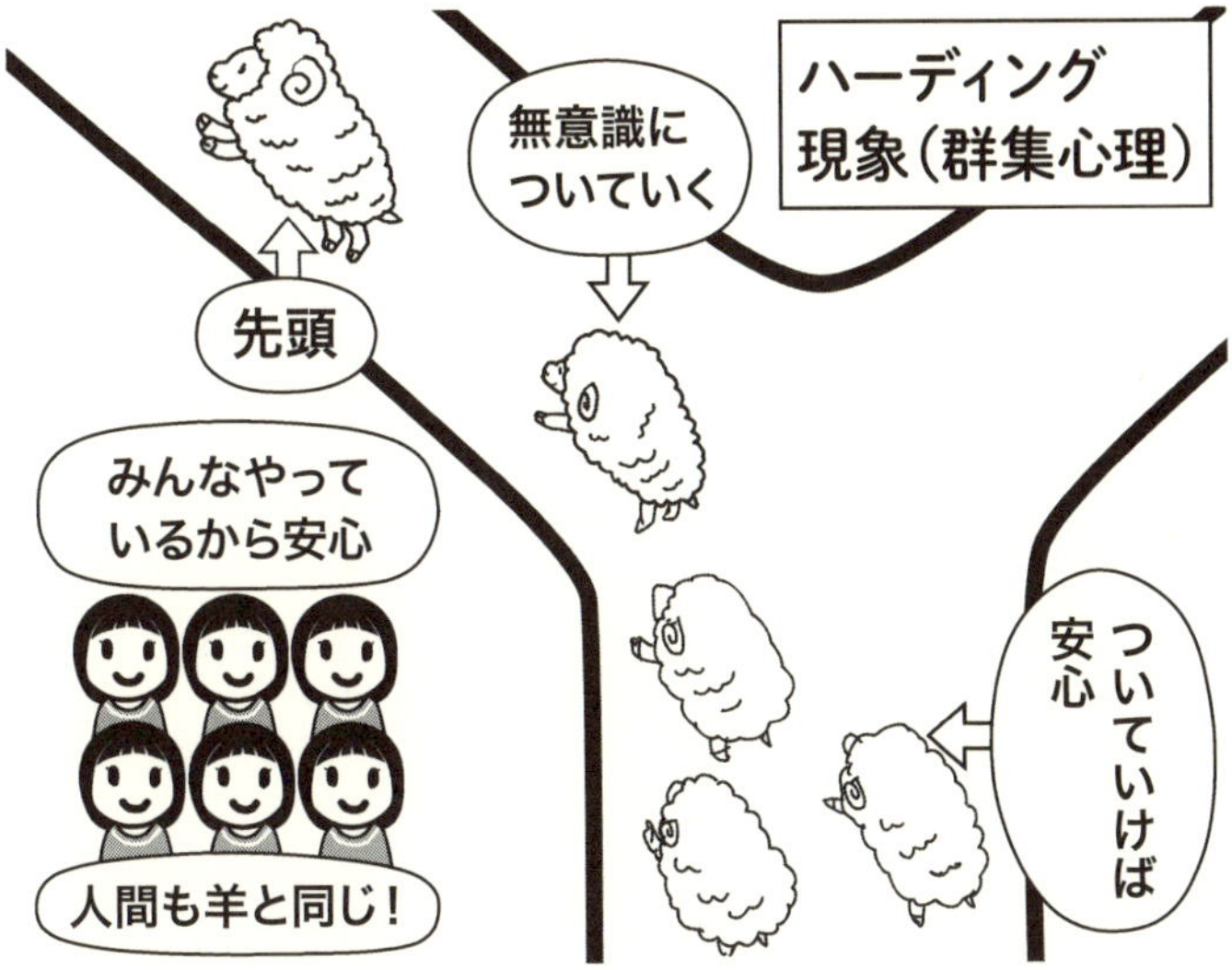

まう。ランキングを示すことは、選択しやすい環境を作るだけでなく、行動経済学の理論にある〝群集心理〟（ハーディング現象）を刺激し、消費やクリックなどの意思決定を促すと考えられる。

ハーディング現象とは、1人ではなく、群れを成すことに安心するという心の働きをいう。羊の群れをイメージするとわかりやすいだろう。羊の群れが、道を歩いている。今、その群れはYの字の形をした分岐点に差し掛かった。首にベルを付けた先頭の羊は、おもむろに左の道を選んだ。すると、先頭の羊を追いかけるように、群れ全体が左の道を進む。それがハーディング現象のイメージだ。私たち人間も、みんながやっていること、持っているものを見ると、無意識のうちにみんなの行動を真似したく

なる。自分だけ取り残されると、孤独感を感じるからだ。

ランキングは、流行に乗り遅れたくないという心理を高める効果を持つと考えられる。ランキング上位の商品や情報を選択する人は、増加する可能性がある。買う人が増えて人気が高まると、「買うから流行る、流行るから買う」という連鎖反応が起きることもあるだろう。しかし、その心理を逆手に取った嘘のランキングも出てくる可能性もある。人為的なランキングの情報操作である。消費者としては、ランキングに盲目的になるのではなく、あくまでも意思決定の一つの判断材料として利用することが良さそうだ。

サンクコストに執着する心と定期購入

――何とかして元手を取り返すために支出する心理

何かのために支出し、回収できないお金（金額）を、〝サンクコスト＝埋没費用〟という。ことわざにある〝覆水盆に返らず〟だ。こぼしてしまった水のことを嘆いても仕方なく、使ってしまったお金を取り戻そうとしても、回収できない。サンクコストのサンク（ｓｕｎｋ）は、「沈む」を意味する動詞ｓｉｎｋ（シンク）の過去分詞形である。

埋没費用は、会計学の一分野である管理会計で登場する概念だ。管理会計とは、企業の経営者が意思決定を行うためのツールであり、マネジリアル（経営管理者のための）・アカウンティング（会計）と呼ばれる。株主など社外の利害関係者向けに、企業会計原則や国際財務報告基準（IFRS）などのルールに基づいて財務諸表を作成する財務会計と異なり、管理会計は企業の内部向けの会計だ。管理会計のルールは、個々の企業が決定する。

パチンコで1万円を使ったとしよう。思うように当たらず、損をした。損失を嘆いても、使った1万円は返ってこない。ギャンブルはもうやめよう、と潔く諦めることができれば問題ないのだが、心理としてそれは難しい。サンクコストは、何とかして元手を取り返そうとする原因になり、取り返すために追加のお金を投じる人もいるようだ。大切なお金を使い、何かをするという意思決定のコミットメント（覚悟）は大きい。

サンクコストに執着する心の働きを活用している企業は多い。代表的なものが、テレビのCMなどで目にする〝パートワーク〟だ。パートワーク（分冊百科との呼び方もある）とは、週刊や隔週刊で特定のテーマを紹介したり、自動車などの縮図模型のパーツが入っていたりする書籍である。

有名F1マシンを紹介するパートワークの場合、初刊は定価の50%オフ価格でボディーのパーツを販売する。来週以降は定価で販売し、2週目は運転席、3週目はエンジン、すべて

途中でやめると無駄になるという心の働き

サンクコストを回収するために、追加の資金を投じて定期購入してしまう

買い揃えるとF1マシンが完成するという流れだ。

企業は、初刊の価格を意図的に低く設定し、消費者の購入意欲を誘う。途中でやめるとF1は完成しない。ここでやめるともったいない＝サンクコストが無駄になるという気持ちは高まる。サンクコストを無駄にしないために、消費者は次号以降のパートワークを買い求める。

私たちはサンクコストを回収したと思えるだけの満足感を得ようと、追加の資金を投じることがある。そうした心理の働きから、パートワークを定期的に購入してしまうのだ。パートワークを販売する企業は、サンクコストに執着する心理を突くことで、収益を獲得しているといえるだろう。

パチンコ屋の根強い人気の秘密

――機種のエンタメ性と勝ったときの爽快感を追い求める中毒性

使ってしまったお金を嘆いても仕方ない。それは頭でわかっているのだが、ついつい、何とかして元手を取り戻そうとしてしまうことは多い。前述したパートワーク以外にも、サンクコスト（埋没費用）にとりつかれてしまう心の働きに着目して収益を上げている企業はある。その代表例は、パチンコ屋だろう。遊技人口の減少や規則改正によってわが国のパチンコ屋の数は減少しているが、依然として根強い人気があるようだ。

毎週末、ある知り合いはパチンコ屋に足しげく通っている。結果として、ほとんど毎回、負けて帰ってくる。それでも、彼はパチンコ屋通いをやめることができない。ギャンブル依存症というほどではないのだが、家族からも「毎回負けるならやめればいいのに」「行くだけ時間の無駄。意味がない」と言われているようだ。本人も、パチンコ屋から自宅に戻ると、今日も負けてしまった、もったいないことをしたと自責の念に駆られてしまう。

それでも、いざパチンコ屋のホールに足を踏み入れると、どうしてもやめられなくなるという。彼は、「勝ったときの爽快感は何物にも代えがたいし、やり始めたら元手は回収しなければならない。どうにかして、使ったお金を取り戻したいという気持ちが高まる」という。

パチンコに投じたお金は、どうあがいても戻ってこない。冷静に考えると、彼は、使ったお金を取り戻せないことはわかっているし、サンクコストにとらわれることが合理的ではないことも理解しているのだが、それを実行することは容易ではないようだ。

こうしたサンクコストにとらわれる心理を突くために、新しい遊技機も開発されている。近年、〝スマートパチスロ〟(スマスロ)と呼ばれる機種が登場した。スマスロは、メダルを電子データ化して遊ぶパチスロマシーンだ。デジタル化することによって、メダルレスとなったのである。

そして、昭和の時代に流行った漫画やアニメのキャラクター、実際のアイドルや歌手を使い、壮年期のユーザーの関心を引く機種も増えているという。デジタル技術を駆使して、音響やエンターテイメント性を高める。その楽しさに惹かれ、ユーザーはお金を投じる。いったんお金を使うと、絶対に元を取るというサンクコストに執着する心理が高まり、次から次にコインを投じ、使った金額に見合う景品を手に入れようとする。そうした心理の働きに着目することで、パチンコ屋は今でも根強い人気を得ているようだ

ブランドのイメージを崩して大失敗

――健康的なメニューより、ジャンクフードを求める欲求

次に考えたいのは、「ブランド」だ。世界的なマーケティング戦略の大家であるフィリップ・コトラー教授は、ブランドについて次のように定義した。ブランドとは、売り手の製品やサービスを需要者に認識させ、競合する供給者と区別するための名前、言葉、シンボル、デザイン、およびその組み合わせである。

「日本といえば富士山」というように、「ファストフードといえばこの会社」など、その企業の名前や代表的な商品が消費者の頭にぱっと思い浮かぶ。そうした鮮烈なイメージを支えるのがブランドといえるだろう。

世の中を見渡すと、ブランドのイメージ（先入観や既成観念）を作ることで高い収益を上げている企業は多い。ある知人の企業経営者は、大手ドイツ自動車メーカーの特定のモデルが更新されるごとに車を買い替えている。現在の車に不具合が出たわけでもないのに、買い替えているのだ。彼曰く、「苦労して成功したことを実感するために、どうしても買い替えたい」とのことだ。ブランドのイメージを磨いて消費者と長期の関係を築き、収益を獲得する良い例と

顧客離れにつながるブランドの方向転換

健康的なメニューを提供したことで、お店の魅力は大きく低下した

いえるだろう。

反対に、収益の増加につながると思って新しい商品を投入した結果、ブランドのイメージを崩して失敗したケースもある。あるハンバーガー・チェーン店でこんなことがあった。同社は、世界的に有名なブランドを持ち、手頃な価格でハンバーガーを楽しめることが消費者から評価されていた。消費者はハンバーガーを食べたいから、その企業の店舗に足を運ぶ。カロリーが高く、脂分や塩分が多いことはわかっていても、ジャンクフードを食べたいという欲求は抑えられない。

ところが、そのときの経営のトップが、「これからは健康志向のメニューがヒットする」と主張したことで、今までのブランドイメージとは異なるサラダセットを提供することになった

のである。新商品のキャンペーンのため、有名タレントを起用したテレビＣＭを作成するなど、会社としてかなりの力の入れようだった。サラダセットの売り上げを伸ばすために、それまでの主力商品のマーケティング費用を抑えたほどだった。

しかし結果として、同社は顧客離れに直面した。ある消費者は、「サラダセットの発売をきっかけに、このお店がハンバーガー・チェーンなのか否か、よくわからなくなった。心の中にあったブランドのイメージが崩れ、お店に行きたい気持ちは低下した」と話している。ブランドは企業の象徴であり、消費者と長期の良好な関係を持つために欠かせない。そのイメージが崩れると、企業の収益獲得は難しくなるだろう。

100円ショップやPB商品はなぜ増えた？
――低価格であっても安心で高品質というギャップ

高級ブランドのバッグや自動車、高級ジュエリーや食器類などを好む人は多い。一方で、わが国では「100円ショップ」を好んで利用する人も多い（米国にも「1ドルショップ」と呼ばれる小売の業態はある）。小売店が独自に開発して販売する「ＰＢ」（プライベートブランド）

を好む人もいる。近年、大手食品メーカーの有名ブランドより、小売企業が販売しているPB商品を選択する人も増えた。メーカーの商品より低価格だとしても、遜色のないクオリティを維持する100円ショップやPB商品は、消費者に浸透したのである。

その背景には、わが国の経済環境の変化があるだろう。1990年のはじめに、わが国で〝資産バブル〟が崩壊した。それ以降、景気は〝失われた30年〟などと呼ばれる長期の停滞に陥っている。株式など資産価格の急速な下落と景気の減速によって、国内の需要は減少した。1997年には〝金融システム不安〟が発生し、経済と金融市場の先行き不透明感は高まった。デフレーション（物価が持続的に下落する経済状況／デフレ）の懸念は高まった。

デフレの環境下、企業も家計も支出を控えて貯蓄を優先した。1980年代、総合電機メーカーなどの競争力が高まり、〝ジャパン・アズ・ナンバーワン〟ともてはやされたのと対照的に、経済環境に対する先行きの不安や懸念は高まった。政府の不良債権処理も遅れ、規制緩和による新しい産業の育成などの構造改革も難しい状況は続いた。消費者や企業の経営者は、「デフレは今後も続き、当面の経済環境は良くないだろう」という心理状態に陥った。

生活必需品など日常生活に欠かせないモノやサービスを中心に、支出を抑えようとする人は増えた。そうした心理の変化をとらえ、100円ショップや大手小売店のPB商品は増えたと考えられる。知人への贈り物や家族の記念日など、特別なモノやコトにはお金を使い、それ以外では価格帯の低い製品を使い、家計の負担を減らしたい。バブル崩壊後、こうした心理を抱く人は全体として増えたのである。

わが国の景気が停滞したことで、100円ショップやPB商品を支持する人が増え、これによって大勢の人が買っているという安心感が得られ、低価格であっても高品質というお得感も味わえる。逆に商品が気に入らなかったとしても、「安いから、まぁいいか」と損した気分を最小限に抑えられるのだ。

100円ショップならではのポイントもある。100円ショップは、基本的に100円で必要な品物を揃えることができる。これにより、様々な価格帯の商品が並ぶ総合スーパーとは異なり、値段と性能のバランス（コスパ）を考える手間が省ける。手間が省ける分、商品を選択しやすくなるのだ。これらの要素が重なり合うことで、100円ショップやPB商品の人気は高まったのだろう。

自分で作ると愛着を感じることもある

――ひと手間かけることで価値が上がって満足度は高まる

私たちは、あらかじめ誰かが作ったモノ（完成品）を購入するよりも、自分でひと手間かけたものに愛着を感じることもある。例えば、家具であれば、メーカーが作った完成品の椅子を買うよりも、自分で組み立てた椅子が大切に思えることだ。どの程度、効率性を重視するかは個人差があるだろうが、ひと手間かけたものに喜びを見出すことは多い。

北欧にある大手の家具企業では、ひと手間かけて完成する家具を多く販売している。様々なライフスタイルにマッチするシンプルなデザイン、木材や布など素材の風合いを生かしたパーツなど、わが国でもこの企業のファンは多い。同社の家具の多くは、購入者が自宅で組み立てることを前提としている。自社製品の組み立てに必要な工具（金槌やドライバーなど）も販売し、ウェブサイトに組み立て方のコツも丁寧に紹介している。

自宅に帰り、失敗するのではないかと不安に感じながら組み立て、完成すると、ある種の達成感を感じる人もいるだろう。そうした体験や記憶を再び味わいたいと思う人が増え、同社の商品を買いたいと思う人は増えたと考えられる。

自分で組み立てた椅子が大切に思える心理

手間や時間をかけたことで、モノの価値が上がって喜びを見出す

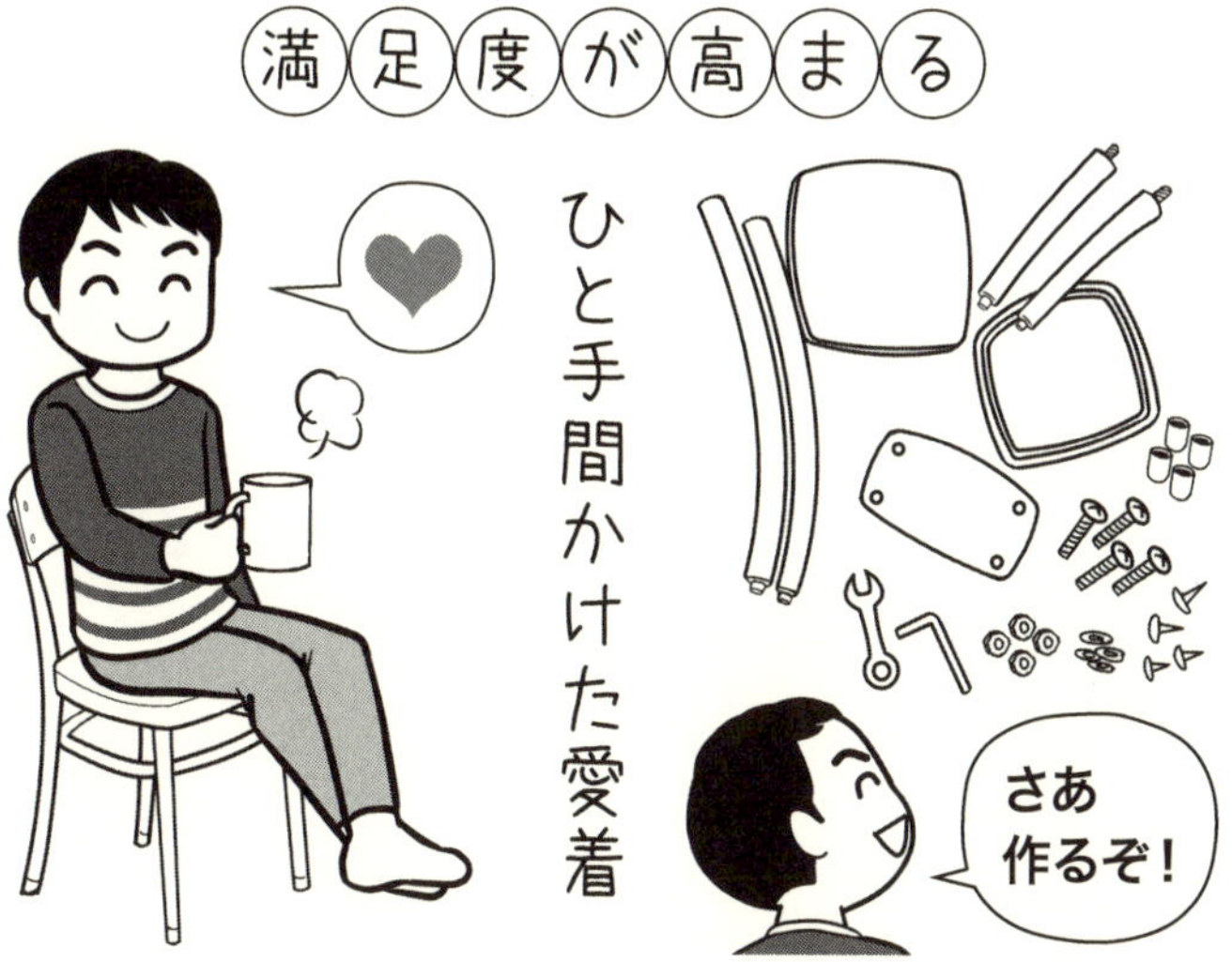
満足度が高まる
ひと手間かけた愛着
さあ
作るぞ！

企業の事業戦略の観点から考えると、購入者の負担で販売店から自宅などの最終需要地までの配送や、製品の組み立てを行うことはコストの削減につながる。自社で工場や、大規模な配送センターを運営する必要性は低下し、収益性向上の可能性は高まる。

ひと手間かけると愛着を感じる心の働きは、家庭菜園で育てた野菜に満足する心理にも当てはまるだろう。野菜を消費する（食べる）という目的を達成するためには、野菜をスーパーで買えばいいわけだが、野菜を育てるためには、土壌の管理をしたり害虫から守ったり、あれこれ手間や時間もかかる。手間暇かけて育てたからこそ、見た目や味がイマイチでも、家庭菜園で育てた野菜を食べることに価値を見出す人も多いようだ。

自分で組み立てるプラモデルやキャラクターを育てる育成ゲームなどにも、こうした心理は当てはまるだろう。自分でひと手間かけることで消費者の満足度は高まり、次もその企業の製品を購入しようという気持ちになる可能性はあるのだ。

企業を成長させる提供スピードの重要性

——認知的不協和を消し去るスピーディーな問題解決

モノやサービスの提供スピードを高めることで、需要を獲得している企業もある。私たちは想定した通りに物事が進まないと、イライラしたり、ストレスを感じたりする。スピーディーな提案は、認知的不協和を和らげる一助になる可能性があるだろう。スピードは、他社との差別化を進め、需要を獲得するための重要な要素と考えられる。

知人に、ある企業の生産ライン管理担当者がいる。彼の勤め先は、〝ファクトリー・オートメーション〟(FA、センサーやロボット、業務自動化のソフトウェアなどを用いて工場を自動化すること)の計画を策定した。人手不足への対応、品質管理の向上などを実現し、工場の生産性を高めようとしている企業である。

他社との差別化を図るスピーディーな提案

認知的不協和を消すスピーディーな問題解決が新たな需要獲得に重要

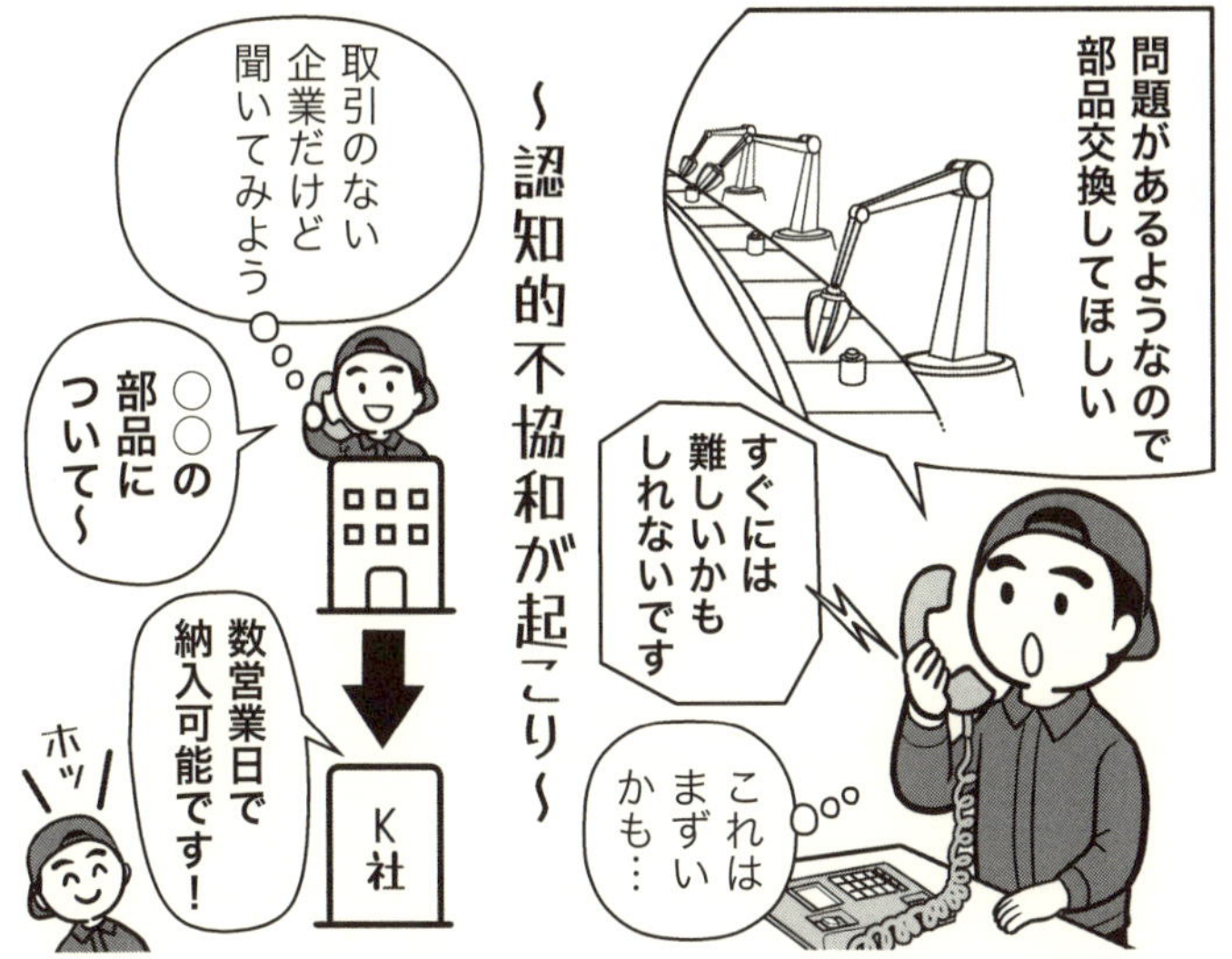

彼は、複数の精密工作機械メーカーや、産業分野のソフトウェア企業などの協力を取り付けて計画を策定した。価格や性能を吟味し、ベストと考えた企業のFA関連の機器やシステムを工場に導入した。この時点で彼は、「これで、工場運営の効率性向上は間違いないだろう」と思っていた。これでうまくいくという認識（認知）を彼は持ったわけだ。

　しかし実際に工場が稼働すると、想定と異なる事象が発生した。思った通りにいかないことは、事務作業などでもよくある。担当者は問題が発生する度に、取引先である企業の担当者に連絡をして、部品の交換やソフトウェアのアップデートなどを依頼した。

　取引先の担当者も忙しいので、迅速に問題が解決されるわけではなかったようだ。徐々に知人の心理に「想定通りにいかないのはまずい」という不安が膨らんだ。〝認知的不協和〟である。この計画でうまくいくという認知と、想定通りに進まないという認識にストレスを覚えた状況といえる。

そんなある日、知人は早急に問題を解決したいという思いから、これまで取引のなかった国内の企業K社に連絡を取った。K社の担当者は他社の事例を参考にしながら、この装置を使えば問題は解決できると具体的な解決方法を提示したという。知人が装置の納入に必要な期間を尋ねると、「数営業日で納入可能」と返事があった。納入された機器をラインに実装すると、K社からの説明通りに生産の自動化が実現できたという。

スピーディーな問題解決により、知人の認知的不協和は雲散霧消《うんさんむしょう》したとのことだった。スピードに加え、細々とした消耗品の使い勝手の良さもあり、知人が勤める企業はK社との取引を増やしたという。問題解決のスピードも、需要の獲得に重要であることを示唆するケースといえるだろう。

第3章

誰でもできるブームの起こし方

音楽鑑賞の常識を変えた「ウォークマン」

――群集心理を高めてヒットやブームを生み出す5つの条件

企業が収益を増やすためには、自社の製品やサービスを使いたいと思う人たちを増やしていくことが大切だ。価格が高かったとしても、「あの会社の、あの商品はどうしても欲しい」という人々の欲求を生み出し、それを高めることができれば、企業の業績は拡大するだろう。行動経済学の観点から考えると、ユーザーを増やし、群集心理（ハーディング現象）を高めることがブームの実現には大切と考えられる。企業や商品のファンを増やすことによって、ブームが起きるのだ。

象徴的なヒット、ブームの例は、ソニー（現ソニーグループ）の「ウォークマン」だ。1979年に登場したウォークマンは、世界の人々の音楽の楽しみ方を変えたように思う。ウォークマンが登場する以前、人々は居間にステレオセットを設置するなどして音楽を鑑賞した。音楽は、再生機器が置かれた部屋で聴くのが当たり前だったのである。

ウォークマンの登場で、外出先や散歩をしているときなど、好きなときに高音質で音楽を楽しむことができるようになった。場所や時間を選ばず、良い音で好きな曲を聴きたい人は、

ユーザーが増えることで群集心理が高まる

群集心理を刺激することでウォークマンはヒット商品となりブームとなった

ウォークマンを購入した。ウォークマンの使い勝手の良さを見聞きし、私も欲しいと思う人は増えた。音楽鑑賞の常識が変わったのである。

ウォークマンを使う人が増えると、イヤホンやケースなど関連するアクセサリーの需要も増えた。ユーザーが増えると、ウォークマンを欲しいと思う群集心理が高まる。群集心理を刺激することで、ウォークマンはヒット商品となり、ブームが起きたのだ。

そのために必要なのは、新しい発想を実現しようとする企業家のマインド(心)だろう。オーストリアの著名な経済学者、ヨーゼフ・シュンペーターは、企業家の重要な役割は、新しい結合を生み出すことだと説いた。結合の形態をシュンペーターは5つにまとめた。①新しいものを作る(プロダクト・イノベーション)、②

新しい生産方法を導入する（プロセス・イノベーション）、③新しい販売先を生み出す（マーケティング・イノベーション）、④新しい素材や半製品（部品など）を手に入れる（マテリアル・イノベーション）、⑤新しい組織の実現（オーガニゼーショナル・イノベーション、既存の組織を打破して独占や寡占に対応する組織を作る）の5つだ。

企業がイノベーションを遂行し、新しいモノやサービスのヒット、ブームを目指すために、行動経済学の群集心理などの知見は役に立つと考えられる。第3章ではこの点を具体的に考えてみたい。

需要をつかむためにコンセプトを明確化

――自社の存在意義を理解して世界有数のゲーム会社に成長

ブームを生み出すために大切な方策の一つは、人間の欲求を深掘りして考えることだろう。欲求は多種多様だ。余暇を充実させたい、おいしいものを食べたい、かっこいい洋服を着たい、高級自動車や時計を買って自慢したいなど、際限がない。止《とど》まることを知らない人間の欲求をつかむ企業の成長によって、資本主義経済は成長しているともいえる。

潜在的な需要をつかむことは、消費者が好き（欲しい）と思うモノやコトを生み出すことに言い換えることができる。そのために、経営者は事業のコンセプトを明確化する。

わが国のある企業は、元々、花札やトランプなどのカードゲームを製造していた。高度経済成長期に入って家庭にテレビが普及すると、カードゲームの売れ行きは伸び悩んだ。そんなある日、当時の経営トップは、従業員にこれまでにはない新しい玩具のアイディアを募った。この時点で経営者は、自社の存在意義は「面白いことを増やすこと」（遊びの創造）と明確に理解していたようだ。

同社は、経済成長によって週末の百貨店などを訪れる家族連れが多いことに着目した。そのときに流行っていたのが、ゲームセンター（ゲーセン）向けの大型のゲーム機（アーケードゲーム）だった。新しい遊びに、人々は魅了されていた。

同社は、業態を転換し、アーケードゲームを小型化し、ポータブルゲーム機、家庭用のテレビゲーム機を開発した。面白いことを増やすことが自社の存在意義であるという明確なコンセプトの下、同社はテレビゲーム事業での成長を目指した。世間が驚くようなユニークなキャラクターを生み出し、のちに人気シリーズとなるゲームソフトを発表した。他社にソフトの製造を委託することで、ゲーム（ソフト）を増やして多彩なラインナップとし、常に新しい遊びを提供した。そうすることで、ユーザーに飽きられてしまうことを避け、ゲームにどっぷりと浸

自社の存在意義を明確にして潜在的な需要をつかむ

コンセプトの明確化が世界的なヒットやブームにつながる

れる世界を目指した。

周囲がゲームを楽しむ姿を見て、自分も同じ体験をしたいと、ゲーム機を欲しいと思う人も増えた。面白いゲームを満喫したいという欲求は万国共通だろう。群集心理の高まりとともにゲーム機やソフト、関連グッズの売り上げは増加し、同社は世界有数のゲーム会社に成長した。

このように世界的なヒットやブームを巻き起こしている企業は、需要をつかむためにコンセプトを明確化していることが多い。いったん需要という鉱脈を見つけると、イベントの開催や他業種とのコラボ企画によって、自社商品と消費者が触れ合う場を増やしていく。キャラクターの魅力を活かすため、映画などを活用することもある。

コンセプトを明確化することは、消費者に

とって選択肢が多すぎて選べないという状況を避けることにもつながるだろう。需要が生み出されると、各種のマーケティング戦略を実行して、人々に自社製品への憧れを抱かせ、群集心理を刺激する。成功している企業ほど、行動経済学の理論を実践していることは多いと考えられる。さらに行動経済学の主要な理論を学ぶことで、消費者側からも考えることができ、企業のマーケティング戦略からあなたの身を守ることにもつながっていくのだ。

キャラクタービジネスの成功のカギ
――思わず笑ってしまうネーミングと鮮烈なギャップの効果

ブームを生み出すために、思わず笑ってしまうようなネーミングやキャッチフレーズを付けることも大切だ。私の知人は、いつも鬼瓦のような怖い表情をしているのだが、実はかわいいウサギのぬいぐるみが大好きで、彼は様々な種類のぬいぐるみをコレクションしていた。それを聞いたとき、その見た目とのギャップに思わず笑ってしまった。

私たちは見た目と実体のギャップに、先入観との顕著な違い、鮮烈な驚きなどを感じ、面白さを見出すと考えられる。その面白さを感じ続けたいという欲求から、特定のキャラクターのファンが増えていくのだ。

あるイベント開催企業は、全国各地のご当地キャラクターを集めたイベントを頻繁に開催している。イベント担当者に話を聞くと、見た目は不細工なのだが、何となくかわいげのあるキャラクターの人気が高いそうだ。各地のキャラクターを集めて人気を競うコンテストを開くと、来場者の多くは微笑みを浮かべてキャラクターの動き、キャラクターのストーリー性を楽しんでいるという。担当者によると、キャラクタービジネスの成功のカギは、思わず笑ってしまうような名前、その見た目からは想像できない動きなどをイラストレーターやコンテンツクリエイターと協力して作り上げていくことだという。

人気の背景には、行動経済学の理論にある〝情報の利用可能性〟の影響があると考えられる。情報の利用可能性とは、私たちの身の回りには利用しやすい情報と利用しにくい情報があるということを示す。情報の利用可能性は2つに分類できる。まず、〝物理的な利用の可能性〟だ。今、目の前にあるパソコンの画面に出ている情報は、物理的に手に入れやすく、アクセスしやすい情報（新聞、テレビ、ネットのニュースなど）なので、意思決定において利用しやすい情報となる。

もう一つは、〝認知的な利用の可能性〟だ。自分の記憶に、顕著に、鮮明に残っている情報は思い出しやすく、意思決定に利用しやすい。認知的な情報の利用可能性は、その時々の感情（気

意思決定に利用しやすい認知的な利用の可能性

自分の記憶に残っている顕著で鮮明な情報は思い出しやすい

分）にも影響される。人気のプロ野球チームが勝って気分が良いときは、楽しかったことなどの思い出がプラスの情報として頭に浮かぶ。また、最新・顕著・鮮烈・調和の4つの記憶が頭に残りやすいと考えられている。

このキャラクターイベントのケースに当てはめると、キャラクターのイメージと実際のギャップの顕著さ、意外な特技があるという鮮烈さが人々の記憶に刻まれ、認知的な情報の利用可能性を高めているようだ。そのため、あの面白さをまた味わいたいという欲求が高まり、キャラクターのブームが生まれたと考えられる。

多くの人が関心を持つストーリーを作る

――消費者がストーリーを追いかけることで変化が生まれる

2013年に米イェール大学のロバート・シラー教授は、伝統的な経済学の理論が〝例外的事象〟として扱った〝バブル〟を行動経済学の理論を用いて解明したことが評価され、ノーベル経済学賞を受賞した。シラー教授は、〝ナラティブ〟に基づいて人々は経済などに関する意思決定を行うと定義している。ナラティブ（narrative）は、物語やストーリーなどと訳されることが多い。

シラー教授は、人々が何らかの物語に共感したり、関心を持ったりすることは経済環境に影響があると指摘する。シラー教授の定義によると、ナラティブは社会や時代などに関する説明であり、面白いジョークなど、私たちの感情に響く物語のことをいう。どうしても人に話したくなるようなストーリーと言い換えても良いだろう。

ナラティブが当てはまる経済環境は多く思い当たる。1990年代前半に発生し、2000年9月の〝インテルショック〟によって崩壊した米国のITバブル（IT先端企業の株価が理屈で説明できない水準に高騰した経済現象）では、「○○ドットコム」と名の付く企業なら株

消費者との距離を縮めるキャラクター独自の世界観

共感や関心など、人々の感情に響くストーリーを作ることでブームが生まれる

価の上昇は間違いないとの見方が増えた。「ＩＴ企業の成長で人々の生活は豊かになり、世界経済は高い成長率を享受できる」という根拠なき熱狂が人々の心理に広がり、成長のストーリーを追いかけるようにしてＩＴ銘柄を買う人は増えた。株を買った人が利得を手に入れ、優雅な暮らしを満喫しているというストーリーを思い描いた人も増えただろう。

そのイメージを自分に重ね合わせ、自分も株式投資に成功して優雅な生活を送りたい、と欲求は高まり、相場に参戦する人は増えた。このように、物語やそれに付随するイメージは経済環境の変化を生み出し、人々の行動に影響すると考えられる。

物語やストーリーの重要性は、ご当地キャラクターなどのブームにも当てはまるだろう。あ

るイベント業界のコンサルタントは、「キャラクターのストーリーを作り、紡ぐことが人々の関心をつかむために大切だ」と話していた。

いつ、どこで、キャラクターは誕生したか。家族はどのような構成で、どのように成長したか、などを物語にまとめ、書籍やアニメとして発表する。物語の続編を作ることも大切だという。そうすることで、キャラクターの世界に浸りたいと思う人は増え、消費者との距離感はぐっと縮まるそうだ。ヒットしている商品やサービスは、なりたい自分、憧れ、郷愁などのストーリー、そこから得られるイメージを消費者に植え付け、面白さを感じ続けたいという心理を刺激しているといえるだろう。

自分の力を過信して幻想を抱いた失敗例

――客観的な判断が鈍るコントロール・イリュージョン

自社製品のブームを生み出そうとして失敗する企業もある。ゲームソフト企業、O社の例を紹介しよう。同社は、ヒットしたゲームソフトの主人公をぬいぐるみ（ハードウェア）や映画などの分野に進出させようとして成長戦略を策定した。主人公のキャラクターブームを起こし、業績の拡大につなげようとしたのである。

成長戦略を立案した時点で、同社のトップは自信に満ち溢れていた。この経営者は大学卒業後にO社を起業し、自らゲームソフトを開発し、業績拡大を実現した。自他ともに認めるソフト開発の実力者である。これまでのビジネス経験も活かすことで、キャラクター事業でもブームを起こせると経営者は信じ込んでいた。自分が新事業を牽引して成功を実現させたいという欲求が高まったといってもいいだろう。

私たちは自分の力で、周囲の状況を思うようにコントロール、支配したいという欲求を持っている。これを〝コントロール・イリュージョン〟(幻想)と呼ぶ。時として私たちは、全能感(自分は何でもできるという感情)を抱くことがある。実際のところ、自分たちの思った通りに物事が進むことは少ないが、過去の成功体験などもあって、自分が世界を支配しているという幻想を抱くことがある。

O社の主な事業領域は、ゲームのソフトウェア開発だ。キャラクタービジネスは同社にとって新しい領域であり、専門の人材不足などを懸念する株主はいた。実際に新規ビジネスを進めると、懸念は顕在化した。社内公募したプロジェクトチームを中心に、キャラクターの開発に取り組んだが、イラストレーターとのやり取りなど、用語も違えば仕事の進め方も違う。計画は遅れ、コストが嵩《かさ》んだ。イベントを開催しても、思ったように人は集まらなかった。

周囲をコントロールして支配したい欲求

過去の成功体験などから「自分はなんでもできる」という幻想を抱く

O社のトップは、思い通りに事業が進まないことにストレスを溜めた。「失敗したのは顧客がうちのキャラクターの良さを理解できていないからだ」と責任転嫁した。経営者は起死回生を目指してキャラクター事業に追加の資金、人材などを投入し、元手を回収しようとした。これは埋没費用に執着した典型的なケースといえる。

それでも、専門性の欠如、経験の乏しさなどから同社のキャラクター事業は付加価値を生み出すことはできなかった。コントロール・イリュージョンに浸った結果、経営者は自社を取り巻く環境を客観的に理解することができなかったのである。キャラクターの創出、イベント開催などのプロ（コンサルタント企業やイベント運営企業）と提携することができれば、O

社はコントロール・イリュージョンの影響を回避することができたかもしれない。

集客率を上げるバンドワゴン効果
――多くの人が支持することで関心がなかった人も同調

ブームを起こすには、人々がキャラクターなどの存在を認知し、体験して、満足感を得る機会が必要だ。そのために人々の関心を引き付ける宣伝文句を作り、イベントを開催することは多い。

宣伝に活用できるものは多い。街中を走る電車やバスなどにイベントで取り上げるキャラクターの画像を張り付けてアピールする（ラッピング列車などと呼ばれる）。テレビＣＭで人気のあるアイドルを起用して、「○月○日は、みんなで△□に集合！　入場者特典もあるよ！」と視聴者に呼びかける。〝売り〟を宣伝することにより、イベントに参加する人は増えるだろう。参加する人が増えれば、ブームなどが起きる可能性は高まる。

このように、特定の選択肢などを多くの人が支持し、それまで関心がなかった人も同調して動くことを〝バンドワゴン効果〟と呼ぶ。バンドワゴンとは、賑やかな曲を演奏している楽団

それまで関心がなかった人を動かしてブームを起こす

バンドワゴン効果に着目して、人々の関心を引き付ける宣伝やイベントを活用

が乗った車（ワゴン）のことだ。賑やかな音楽につられて、何となくついていってしまう。そうした心理を表しているのがバンドワゴン効果である。

今は見る機会が少なくなってしまったが、昔、町中を練り歩いていた〝チンドン屋〟が良い例だ。派手な衣装で楽器を演奏しながら歩くチンドン屋は、依頼者の新装開店や商店街のセールなどを宣伝しながら町中を歩き、人々の注目を集めることで宣伝を広め、集客に貢献していた。チンドン屋は商店街などの依頼者から宣伝を請け負っている。依頼者はチンドン屋を活用することで、バンドワゴン効果を使って売り上げを増やそうとしていたのだ。

このように、芸能事務所やイベント運営会社、キャラクターのプロデュースを行う企業な

どは、バンドワゴン効果に着目してイベントを開催していることは多いと考えられる。人々が思わず関心を向けてしまうような宣伝文句を作り、その魅力を潜在的な消費者に伝える。それによって、多くの人をイベントに動員し、収益につなげようとしている。そうした心の働きに着目した仕掛けにつられ、私たちは音楽フェスなどについつい参加してしまうのだろう。

推しのアイドルを応援し続ける心理

――消費者参加型ビジネスの背景にある巧みな戦略

近年、企業と消費者が双方向で関わり合い、コンテンツ（ゲームのキャラクターやアイドルグループなど）を育てようとするビジネスが増えているようだ。市民からアイディアやデザインを募集して、ご当地キャラクターやマスコットを生み出そうとする試みもある。消費者参加型のキャラクター育成ゲームなどの背景にも、行動経済学の知見がある。

まず、群集心理の影響が考えられる。一時、わが国ではスマホの位置情報アプリを活用して実際の街の中でキャラクターを捕まえて育てたり、交換したりするゲームが流行した。最盛期には、平日でも休日でも、街中の公園などに多くの人が集まった。ＳＮＳで、いつ、どこにキャラクターが出現するかといった情報が投稿されると、その場所は黒山の人だかりとなった。

そうした光景を目にして、自分もその集団に加わりたいと思う人は増えただろう。反対に、流行に乗り遅れた状況は何となく気まずさを感じることもある。友人が集まって、「あのキャラクターを捕まえたら、すごくうらやましがられた」と話しているのを見ると、自分も参加してみようかなと思うこともあるだろう。大勢がやっていることに安心する〝群集心理〟に着目することで、ゲームの運営企業は、課金や広告などの収入を増やした。

また、ユーザー参加型のイベントやゲームには、自分がお金と手間（時間）をかけたのだから大切にしたいという心理も影響しているようだ。最近よく耳にする、アイドルなどの〝推し〟もユーザー参加型のビジネスの一形態といえる。推しとは、周囲にも推薦したいほどにハマっている自分が好き・応援したい人やモノのことで、その人にとってイチオシのアイドルなどのことをいうようだ。

推しのアイドルを応援する人は、お金をかけてグッズを買ったり、コンサートやイベントに参加したりする。これだけお金をかけて応援したのだから、人気が出て成功してほしいという気持ち（サンクコストにとらわれる心理）は高まるだろう。ここで推しをやめたら、これまで投じた金額がもったいないという気持ちも生まれ、イベントに相次いで参加する。推し活をする人の増加で、群集心理も高まるだろう。

推しのアイドルを応援し続けたい心理を巧みに利用

群集心理やサンクコストにとらわれる心理を突いてビジネスを拡大

芸能プロダクションやイベント企画会社は、群集心理やサンクコストにとらわれる心理、推しのアイドルを応援し続けたいという心理を巧みに突くことでファンを増やしている。さらにゲーム愛好者を増やすために、アイドルが努力したり、ゲームのキャラクターが成長したりする姿を示すことで、共感や親近感も刺激していると考えられる。

消費を促すSNSの危険な側面

――潜在意識を呼び起こして人々の関心をつなぎ留める仕組み

世界経済のデジタル化によって、企業が消費者の関心を引き付ける手段は増えた。その一つは、SNSだろう。米メタのフェイスブック、X（旧ツイッター）、中国バイトダンスが運営するTikTok（ティックトック）などを利用する人は、世界全体で増加した。ニュースなど必要な情報をSNSで手に入れる人も多い。

SNSを使っていると、多種多様な情報が入ってくる。ある知人は、〝推し〟のアイドルが出演するイベントやテレビ番組を複数のSNSアプリで常時確認している。なぜ、そこまでするのかと尋ねたところ、「忙しいときにSNSをチェックし忘れることもある。だけど、通知設定を許可すると、アプリが推しの活動を逐一知らせてくれる。最新の動向に常に関心を向けることができるのがいい」とのことだった。しかも、彼はSNSが新着情報を通知すると無意識のうちにアプリを開き、確認しているという。

知人にとってSNSの情報は、無意識のうちにインプットされたデータや情報が意思決定に影響する〝アンカーリング〟の働きを果たしていると考えられる。推しの動向をSNSでチェッ

アイドルに関心が向かい続けるアンカーリングの働き

SNSで常に推しの動向をチェックすることで、関心がつなぎ留められている

クしている人は、あらかじめ対象のアイドルをフォローし、自分が常に最新の情報に接することができるように設定する。設定通りにアプリは最新の投稿をユーザーであるファンに知らせるのだ。

その結果、ユーザーの関心は推しのアイドルに向かい続ける。アイドルを追いかけたいという欲求が心理の中に錨のようにつなぎ留められ、特定の選択肢に寄り添い続けるといっていいだろう。

ここで紹介した知人は、推しのアイドルのグッズを購入したり、イベントに参加したりすることが増えた。家族からは、「物価が上昇して家計のゆとりも少なくなってきているから、少し節約してほしい」と言われたようだ。それでも知人は、「SNSの情報につられ、なかな

かやめることが難しい」と話していた。合理的と考えられる意思決定を下せない状態にあるというわけだ。

SNSは多くの人とつながり、私たちの利便性を高めたように見える。その一方で、アンカーリングや群集心理などを刺激することによって、私たちの潜在意識にある欲求を呼び起こし、消費を促そうとしているとも解釈できる。行動経済学の知見を活用すると、こうしたビジネスの本質やダークな部分にも迫ることができる。

消費者が食いつくランキングという餌

――人々の関心を整理して消費へと変換する仕組み

消費者の関心を企業の商品（モノ、コト）に向けさせる仕組みは他にもある。第2章でも触れたが、ランキングの発表も消費者の関心をつかむ有効な手段の一つだろう。ここでは、その仕組みと効果についても解説する。

何が欲しいのか、明確なイメージがないまま大手ネット通販で開催しているセールを訪問した場合、サイトを開いた時点では、実際に買い物をするか否かはわからない。書籍から日用品、

ランキングが情報を整理して消費を促す

ランキングがもたらす選択のしやすさとわかりやすさが消費者の関心をつかむ

食品や飲料、家電製品、衣料品やスポーツ用品などが定価から大幅な値引き価格で販売されているが、情報量が膨大で今一つピンとこないこともあるだろう。絞り込むために、何が欲しいか検索してみようとも思うが、何となく面倒に思うときもある。

一方、セール期間中の売り上げランキングを見ていると、ついつい買ってしまった経験をお持ちの方は多いのではないか。ランキングが表示されていると、頭の整理がついた気にならないだろうか。セール開催からの1時間の売り上げやトップ10などのデータが表示されていると、周囲の人が何を求めているのか、イメージを持ちやすくなる。選択肢が多くて選べないというストレスも和らぐだろう。

大勢の人が買い求めたということは、品質が良くて人気の高い商品かもしれない。流行に乗り遅れたくないという群集心理も高まるかもしれない。この結果、消費者は、ランキングがもたらす選択のしやすさ、上位のランキング商品が想起させる人気の高さなどにつられて、購入ボタンを押すことになるのだ。

商品のカテゴリーごとにランキングを表示することも有効と考えられる。アウトドア、家庭菜園、ジョギング、ホームシアターなど、個人の細かな関心を呼び込む入口をあらかじめ設け、その分野でのランキングを表示する。消費者は、自分に関心のある分野で、売れ筋の商品や人気の高いコンテンツを手に入れようとする。

こうした分類の技術向上の背景にも、デジタル化、それによるビッグデータの利用増加がある。ＩＴ先端技術の高度化、利用増加に伴い、営利企業は消費者自らが気づいていない潜在意識に働きかけ、より多くの消費や投資を促そうとすることが増えていきそうだ。

令和に起きたリバイバルブームの謎

──SNSの普及が手助けした脳裏に焼き付く鮮烈な印象

いつからか、特にZ世代（1990年代半ばから2010年代序盤生まれの年齢層）の間で昭和の人々の生き方に関心が高まり、〝昭和ブーム〟とか、〝昭和レトロブーム〟と呼ばれている。レトロとは回顧的、郷愁に誘われる気持ちなどを意味する言葉として使われている。なお、昭和など過去の時代に関心を持つ人が増えたのは、今回がはじめてではない。それまでも、各年代でレトロが注目されたことはあった。

昭和ブームに関心を持つ人は、自分たちが生活している今の環境にはない価値観やモノ、サービスなどに面白さを見出しているようだ。行動経済学の理論を用いて考察すると、意思決定に影響した要素の一つに、初頭効果が挙げられる。昭和のぱっと見のイメージに面白さを感じる人が増えたのだ。

令和の時代を生きる若者にとって、昭和の時代は異質に映るだろう。ある意味では、新鮮、鮮烈かもしれない。現在の生活様式と異なるファッションに新鮮さ、面白さ、驚きを感じた人は、それを周囲と共有したいと思うだろう。一つの投稿が、さらに新たな投稿を呼び、ファッ

画像の共有によって魅力やイメージが瞬時に伝わる
ぱっと見の印象が脳裏に焼き付き、群集心理の高まりでレトロブームが起きる

ション、かつて流行ったダンスなど、昭和という時代を掘り下げ、その価値観に関心を持つ人の裾野を広げた。

昭和ブームの例として、2024年に放送されたテレビドラマ『不適切にもほどがある!』では、令和から昭和にタイムスリップする設定で、それぞれの時代背景やそのギャップをコミカルに描いて大きな話題となり、大ヒットした。

SNSなどの普及により、手軽に画像や動画を共有できるようになったことも重要だろう。昭和という時代がどのようなものだったか、文章で論理的に理解するよりも、直感に訴えるイメージがあった方がわかりやすい。SNSは画像や動画の共有を可能にすることで、「昭和とはこういうイメージだった!」という、ぱっと見の印象（初頭効果）を人々の脳裏に鮮烈に焼

き付けた。現在と異なる状況に関心を持つ人が増えると、群集心理は高まり、より多くの人がネットワークに参入する。このように鮮烈な第一印象を人々に与え、イメージを共有し、持続させることができれば、過去に流行したコトやモノのリバイバルを目指すこともできそうだ。

リゾート地を復活させた〝タダ〟の魔力
——需要の創出や地方創生の可能性を高める相乗効果

ある知人は、社会人になったばかりのある日、上司からゴルフに誘われた。彼はゴルフに興味は持っていたのだが、やったことがない。道具も持っていなかった。しかし、金銭面での負担が頭をよぎる。迷った挙句、「急用で実家に戻らなければならず、今回はご一緒できないです」と適当な理由をつけて断ったそうだ。その後も、彼はゴルフをやってみたいなぁと思いつつ、機を逸《いっ》し続けたという。

彼のように、やってみたいが経済的な負担などから、なかなか一歩を踏み出せない経験をお持ちの方は多いだろう。そうした心理に着目し、かつてのブームのリバイバルを目指す企業もある。

1980年代の後半から末期にかけて、わが国では資産バブルが発生し、膨張した。当時、大学生はイベントサークルに入り、夏はサーフィンやシュノーケリング、冬はスキーというように、季節のスポーツを贅沢に楽しむことが当たり前だった。

バブルが崩壊すると状況は一変した。資産価格の下落と経済成長率の低下により、バブルの絶頂期に建設されたリゾートホテルは相次いで経営に行き詰まった。銀行などから借り入れた借金は残り、不良債権は増え、経営破綻するリゾート運営企業が相次いだ。さらに若者の人口減少もあり、スキーやマリンスポーツ、ゴルフなどの利用者は減少した。

地方でスキーリゾートを経営していたある企業は、業績の悪化を食い止めようとコンサルタントにアドバイスを依頼した。コンサルタントが提案したのが、20歳前後の若者を対象に、1日限定で、無料でスキー板やウエアをレンタルで提供し、リフトも乗り放題にするという企画案だった。提案を受けたリゾート企業の経営者は、「それで本当に儲かるのか……」と半信半疑だった。

実際に〝タダ・スキー〟のキャンペーンを打つと、その珍しさとお得感からスキー場に遊びに来る若者が相次いだ。彼らの多くがSNSでスキーの楽しさを発信した。それにつられて来場者は増えた。〝タダ・スキー〟を経験した若者の大半がホテルに一泊し、翌日は有料でスキーを楽しんだという。同じシーズン中に再度来訪するなど、リピーターも増えた。若者がSNS

タダの珍しさとお得感が若者を引き付け来場者が増加

心の慣性の法則や群集心理などが高まり、リゾート地で相乗効果が生まれた

でスキーリゾートの魅力を発信したことをきっかけに、海外からもスキーを満喫しようとする観光客が増えた。

タダで体験したことで、逆に若者は「お金を出す価値がある」と思ったのだろう。この楽しさをもう一度満喫したいという心理は、楽しかったことを続けるという〝心の慣性の法則〟といえる。スキーなどを楽しむ人が増えると、自分もやってみたいと思う人が増え、〝群集心理〟も高まる。

来訪者が増えれば、タクシーやバスの運行本数も増えるなどして主要駅からリゾート地までのアクセスも向上して便利になり、ハーディング現象やバンドワゴン効果も発揮される。行動経済学を利用することにより、需要の創出や地方創生の可能性は高まると考えられる。

ハードルを下げて多くの人を取り込む

――フリーサービスから有料サービスへの心理の変化

当初はフリー（無料）でサービスを利用していたはずなのに、気づいたら料金を継続的に支払うことになったケースがある。フリーサービスを提供する企業が成長している背景の一つに、損失は出したくないという消費者の心の働きが影響している。

プロスペクト理論の価値関数によると、私たちは儲けよりも、損失に敏感に反応する。価格が高いか安いかの問題ではなく、1円たりとも自分のお金は減らしたくないという思いだ。この心理をうまく活用して、米国のIT先端企業は成長した。

グーグルの検索サービスやYouTubeの動画視聴、メタのSNS閲覧などは基本的に無料で利用できる。無料であるため、一般的には利用開始時の心理的なハードル（料金が高くて二の足を踏むなど）は低いだろう。ユーザーが増えると、グーグルやアマゾン、マイクロソフトのクラウド・コンピューティング・サービスのように、システム全体の使いやすさと便利さが高まる。利用者が多いため、SNSや検索の表示画面に広告を出稿したい企業も増える。

しかしユーザーは、保存するデータ容量の増加とともに、追加料金を支払って保存データの容量を増やす必要性に迫られる場合がある。いろいろな手間を考えると、追加料金を支払ってデータ容量の拡充をした方がいいと選択する人も多いようだ。自らの検索データなどに紐づいて表示される広告サービスの表示を停止（オプトアウトという）するために追加料金を支払う人もいる。

料金は、継続課金制度（サブスクリプション）の契約になっていることが多い。いったん契約して有料サービスに移行すると、使うことをやめたとしても、解約しない限り料金は支払われ続ける。契約を忘れて、無駄金を払い続けている人もいるのではないだろうか。

行動経済学の理論を用いて考えると、まず、米国のIT先端企業はフリーでサービスの利用機会を提供し、人間の〝動きの心の慣性の法則〟を刺激する。次第に私たちは、画像や動画のデータ、ドキュメントの保存空間としてのクラウド・コンピューティングなどは現在の生活に欠かせないと認識する。便利で楽しい状況を続けたいという気持ち（現状維持バイアス）も高まる。こうして、満足感の損失を出したくない私たちは、無料で使い始めたサービスに追加で代金を支払い、必要なサービスの利用を続けることになるのだ。

ナッジを利用したランニングブーム

——健康への意識の高まりが先入観と群集心理にも波及

近年、〝皇居ラン〟など全国的にランニング（ジョギング）の人気は高まった。東京マラソンも毎冬の一大イベントとして定着した。人々がランニングやマラソンに取り組む要素の一つとして、第2章でも紹介したナッジを取り上げたい。

ナッジとは、強制（パターナリズム、父権主義）でも自由放任（リバタリアン）でもなく、自由な選択の余地を認めつつ社会全体でより良い意思決定を目指すことをいう（リバタリアン・パターナリズム）。

わが国は、〝人生100年時代〟を迎えている。高齢化に伴い医療費の負担を国全体で抑える重要性は高まっている。そのために、個人の健康増進は欠かせない。2008年4月、厚生労働省は公的医療保険に加入する40歳から74歳を対象に「特定健診・特定保健指導」（いわゆるメタボ健診）を開始し、健康への意識を高めようとした。

健康への意識向上で、頭ごなしに「運動しろ」と言われると反発する人は多いだろう。イソップ童話の『北風と太陽』のように、北風が旅人のコートを脱がせようと寒い強風を吹きあてる

強制せずに選択の自由を認めて運動へと導く

強制は反発しがちなので、自分でやりたいと思わせるきっかけ作りが重要

と、旅人は身をかがめコートをはぎ取られまいと抵抗する。強制されると私たちはどうしても反発しがちなのである。
そして太陽は旅人に暖かい光を当て、コートを自ら脱ぐようそれとなく促した。旅人は体が温まり、コートを脱いだ。太陽のように、選択の自由を認め、より良い意思決定に導くことが重要だ。北風政策ではなく、太陽政策がナッジなのだ。自分でやりたいと思わないと続かない、それが人間というものである。
政府が健康増進を重視するに伴い、ランニングやウォーキングのイベントを実施する企業は増えた。地方自治体も、ランニング時のマナーを策定し、走りやすい環境を整えた。実際に体を動かすとストレスが解消されたような気分になる。健康診断で数値が良くなることで、ラン

ニングを続けるモチベーションも上がった。

また、フレーミング効果＝思い込みや先入観の影響もあるだろう。これは筋トレにも通じることだが、ランニングをして常に体型を維持しているビジネスマンは常に自己研鑽《けんさん》に励み、優秀だと思う人は多いようだ。細身のスーツを着こなし、巧みにプレゼンをする。人は見た目が9割のヒューリスティックに照らし合わせても、小太りより引き締まっている人が見栄えも良いだろう。そうした先入観や固定観念から、ランニングにいそしむ人も多いようだ。

そして、群集心理だ。近年は女性向けに、おしゃれなランニングウェアを開発し、ランニングイベントを開催する企業もある。イベントに参加するとランニング愛好者の輪が広がる。知人がイベントに参加するから試しに行ってみようかと思う人は増え、ランニングブームが起きたと考えることもできる。社会の公器としての企業の取り組みと政策の後押しによって、このブームが支えられていると考えることもできるだろう。

タピオカとキャンプブームの裏側

――消費者の関心を刺激して群集心理を煽る企業戦略

行動経済学の理論を元に考えると、ブームにはいくつかの共通する要素を見つけることができる。ブームが起きる際、人々はぱっと見たモノやコトに好印象を持っていると考えられ、この商品を使ったら周囲からかっこいいと見られるという思い込みも影響する。味わったことのない体験や鮮烈な驚きが、人々の心に刺さることもある。それらは、初頭効果やフレーミング(思い込み)、認知的な情報の利用可能性などの影響だと解釈できる。

関心を持つ人が増え始めたら、企業やイベントの仕掛人は、利用者やファンを増やそうとする。群集心理を煽る行為といってもいい。人気のある芸能人を広告塔に起用して、「あの人も使っている。自分もああなれるかも」といったイメージを与え、欲求を刺激するのだ。

買う人が増えて人気は高まり、人気が出るから買う人が増えるという連鎖反応が起きて、ブームにつながっていく。さらに継続課金制度(サブスクリプション)など、IT先端技術を用いた契約形態も活用し、企業は消費者と長い関係を構築できるかもしれない。

行動経済学の理論を用いて考えると、いろいろなブームの発生プロセスを体系立てて整理できそうだ。近年のわが国では、タピオカやキャンプなどもブームになった。

タピオカブームの場合、格安航空便の就航によって若者が手軽に台湾に行けるようになり、台湾スイーツの関心が高まったことがきっかけとの見方があるようだ。タピオカのもちもちとした食感が人気に火をつけ、〝インスタ映え〟するという、その見た目が若者の間で広まり、その流行をマスコミが大々的に報道することでブームが起きた。

コロナ禍をきっかけに、キャンプブームも起きた。感染を避けるために在宅勤務やテレワークが増え、自宅でも問題なく仕事ができることに気づく人は多かったようだ。人との接触を避ける巣ごもり生活が続く中、「3密」を避けられる自然豊かな場所でキャンプをし、ストレスのない生活や非日常を味わいたい欲求が高まったのだ。

地方から都市への集中という人の流れは、都市から郊外、地方へ分散した。そうした社会の価値観の変化をとらえ、キャンプの魅力を発信したアウトドア用品企業の業績は、一時急拡大した。私たちは、経済・社会の変化を機敏にとらえる企業の戦略（初頭効果や群集心理を生かして自社の商品の販売を増やす取り組み）に影響され、ブームに巻き込まれることもある。

行動経済学の理論を学ぶと、どのようにして企業が消費者の関心を刺激し、自社の商品を買わせようとさせているのかを垣間見られるだろう。それは、消費者が不要な買い物をしないようにすることにつながるかもしれない。

ブームを一過性で終わらせない秘訣

――過去の成功体験にとらわれない強固で柔軟な経営者のマインド

ブームが一過性で終わるか、ブームをきっかけに社会に定着するかで、企業の成長には大きな影響が出る。ブームが一過性に終わったことで、事業の継続が難しくなるケースもあるのだ。その根底にも、行動経済学の理論が解き明かした人間の合理的ではない意思決定がある。

かつて、アウトドアブームの波に乗り、事業運営体制を急拡大した企業があった。ブームをきっかけに登山用品などのシェアを増やそうとしたが、長続きはしなかった。急速な規模の拡大は裏目に出て、同社は過剰な在庫を抱えた。最終的に、同業他社から救済買収されることになった。

経営者は反省の弁として、「需要者の心理を考えず、自社の製品は良いから受け入れられると思い込んでしまった」と話していた。さらに経営者は「同じことをしていると飽きられてしまう」とも語った。

私たちは、周囲の状況を自分の思うように(思うがままに)コントロールしたいという欲求(コントロール・イリュージョン)を持っている。一時的に事業に成功したりすると、自分には才能があると思ったり、これまでの方策を続けていれば成功すると妄信したりする。

需要が離れ始めると、一時的な市場環境の変化だと〝気質効果〟に影響され、自分に都合のいい言い訳をしてその場を乗り切る。気質効果で認知的不協和（思った通りにいかないイライラやストレス）が落ち着くこともあるが、すると「自分はできる」とコントロール・イリュージョンが再燃する。ここまで心理状態がこじれると、現状維持バイアスの心理も高まり、合理的な意思決定を下すのは難しくなるだろう。結果として、ブームは一過性で終わりを迎える。

持続的に収益を得るためには、顧客に飽きられないようにすることが大切だ。企業は、自社の強み（競争優位性）を理解し、それを他の要素と結合して新しい需要を創出する。新しい需要が生み出されると、消費者は驚きや満足感を覚える。これにより、顧客（社会）との接点が増えるのだ。その成功例に、写真フィルムの製造で培った高い創出技術を、医薬品分野と結合し、世界的に高い成長を遂げている国内企業もある。

ブームを起点にして、長期にわたって収益を得るためには、過去の成功体験にとらわれず、虚心坦懐《きょしんたんかい》に需要の創出を目指す経営者のマインドが必要だ。そのために、大胆でエネルギーにあふれた人材（若者）、旧来の価値観の枠組みにとらわれない人物（ある意味での馬鹿者）、従来の枠組みを批判的に見ることのできる専門家（よそ者）を積極登用する必要性は高いだろう。

第4章

逆説のマーケティング戦略

マーケティングってなんだ？

——心の働きが作用する計画的陳腐化と対比効果

第4章では、行動経済学の理論を用いてマーケティングを考えてみる。顧客が欲しいと思うモノやサービスを、企業がいかにして社会と良好な関係を築きながら、収益を得ていくのか。そのためにどのような戦略が必要か。こうしたことを考えるのがマーケティングの本質だろう。収益は、簡単な数式をイメージして考えるとわかりやすいだろう。企業の売上は、販売するモノの単価と、販売した商品の数量をかけることで求められる。これを単純化して、売上高＝単価×数量と表そう。

売上高が増加するためには単価を引き上げ、かつ、数量も増えれば良い。スマホを世界に浸透させたある企業を例に挙げると、その企業のスマホの値段は、新しいモデルが発表される度に引き上げられている。スマホのマイナーチェンジを繰り返すことで、定期的に新モデルを発表したのだ。旧世代のモデルを使っている人は「新しい方が便利だ」と考え、新モデルに買い替える。これを〝計画的陳腐化〟という。

このスマホの販売開始日に合わせてテレビではCMが流れ、ニューヨークやパリ、銀座など大都市の直営スマホショップには、前日から長蛇の列ができた。その様子が各メディアのニュースで取り扱われることで、新モデルの発売がセンセーショナルな出来事として伝わり、さらに人々の興味を惹かせる。

この企業は、著名人をCMで起用し、スマホを使うとクールな生活を送ることができるイメージを人々に植え付けた。著名人の影響力が後光のようにスマホの魅力を高めてハロー効果（著名人が使っているから良いモノという思い込み）が高まり、群集心理を掻き立てた。あの人も使っているから私もスマホを手に入れたいという、まるで衝動のような欲求を抱く人は増え、高価格でも売り上げは伸びていった。この企業は、心の働きに着目してマーケティング戦略を立案・実行したといえる。

高い価格で販売が難しい場合、販売数量を増やすことも大切だ。あるアパレルメーカーでは、スーツの在庫が思った以上に残ってしまった。経営者は在庫処分のために、百貨店とコラボしてセールを開催した。在庫が積み上がった定価3万円のスーツは50％オフとし、1万5000円で販売した。

1万5000円のスーツの両サイドには、定価が3万円のコートとジャケットを陳列した。その結果、スーツは順調に売れ、在庫を減らすことができたという。消費者は定価で販売されている商品と50％オフの値段を比較することで、「安い」と感じてしまったと考えられる。

価格などにコントラストをつけて気を引く対比効果

消費者は定価の商品と50%オフの商品を比較して「安い」と感じてしまう

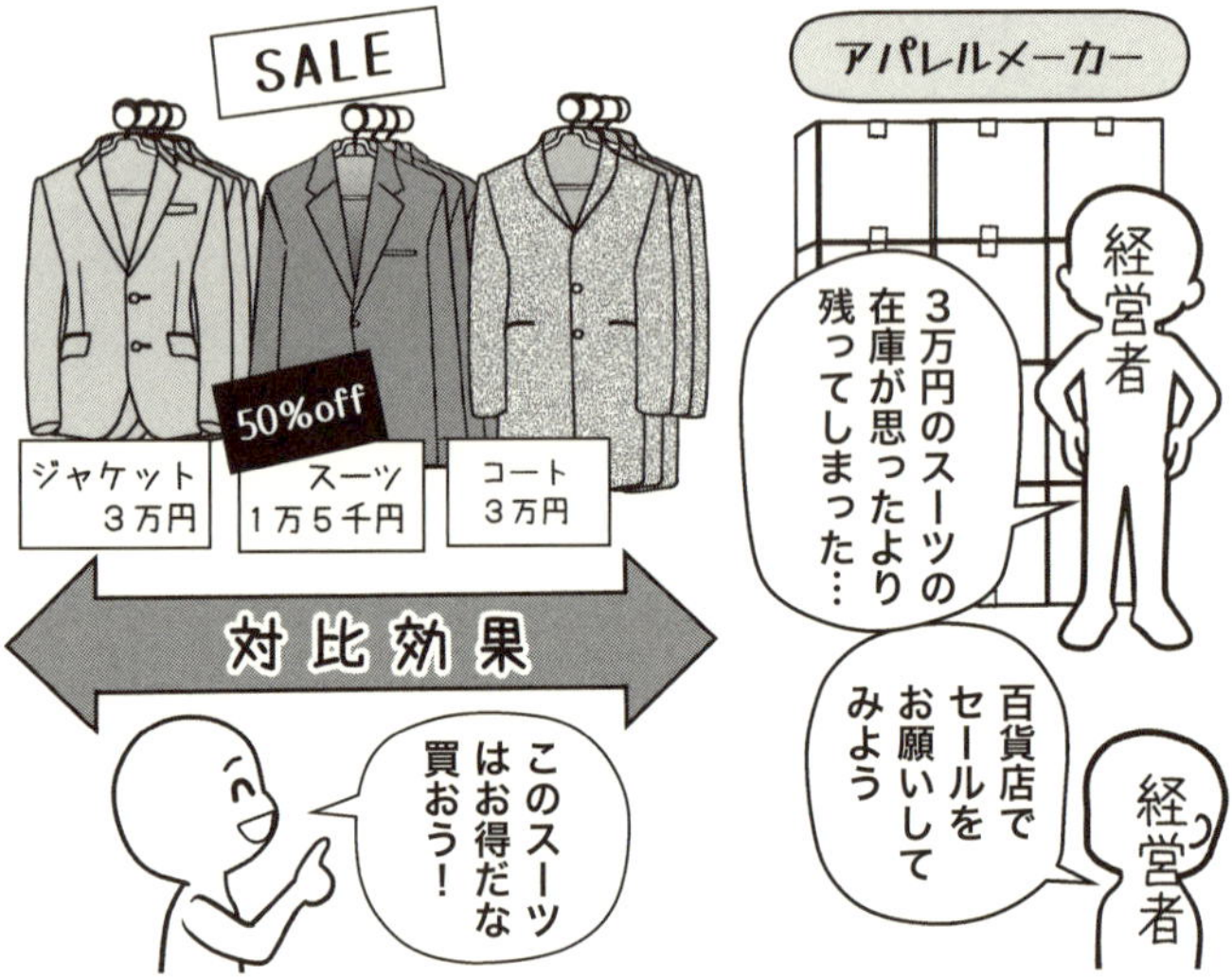

これを行動経済学では〝対比効果〟と呼ぶ。複数ある商品やサービスの価格などにコントラストをつけることで、人々の気を引くことができる考え方である。また、アンカーリング効果が働いた可能性もある。50%オフの数字を見て「これはお得だ」と直感し、1万5000円の価格に割安さを感じる。その結果、消費者は企業の思い描いた通り、誘導されたようにスーツを買い求めたとも考えられる。

企業は心の働きに着目して消費者の購買意欲を高め、モノやサービスの販売を増やそうとしていると考えられる。行動経済学の理論を用いてマーケティング戦略を分析すると、消費者側の思わぬ支出を減らしたり、買い物から得られる満足度を本当の意味で高めたりすることにつながるかもしれない。

定価の2倍でも売り切れたトルコ石

――失敗から生まれた宝石店の不思議なマーケティング

思わぬ形でマーケティング戦略と心の働きの関係に気づいた企業もある。ある宝石店のケースを紹介しよう。この宝石店のオーナーは、トルコ石の売り上げが伸びないことに悩んでいた。経営者は、販売している値段の割には、上質のトルコ石を扱っているとの自信があったため、かなり割安に販売しているから消費者はきっと気に入るだろうとの目論見があった。

しかし、トルコ石は売れなかった。宣伝広告を出したり、トルコ石の魅力を伝えるイベントを開催したりもした。それでも、トルコ石の人気は出なかった。

ふと経営者は思った。トルコ石は多くの人を魅了すると思っていたが、このままだと在庫ばかり増えることになる。思い切って、〝トルコ石の大セール〟を実施して売れ筋のジュエリー事業に集中しよう。トルコ石よりも価格帯の高いジュエリー売り場の面積を増やすことで、お店の収益を上げようとしたのである。

経営者は「1週間後から、赤字覚悟のトルコ石バーゲンセールを行います。在庫を全部売ってしまいたいので、陳列してあるトルコ石とトルコ石のジュエリーの値札を、すべて半額に付

定価で売れなかったのに2倍の価格をつけたら完売

良いものは高い、高いものは良いという思い込みが消費者の心理に影響した

け替えておいてください」と売り場の店員に指示をした。

セール期間中、経営者は他の宝石の仕入れをするため海外に出張していた。出張から戻ってくると、経営者の期待通りトルコ石は全部売れていた。しかし、販売員から耳を疑う報告も受けた。「社長、すみません。値札を半額にするよう指示されたのですが、聞き間違えて2倍の価格をつけてしまいました」ということだった。

定価で売れなかったトルコ石が、2倍の価格で、すべて売れてしまったというのだ。経営者は「どうして高いものが飛ぶように売れたのか？」と理解できなかった。後日、経営者があるコンサルタントにこの話をしたところ、「それは、高いから売れたんです。〝良いものは高い、高いものは良い〟という思い込みが私たちの心

理にはあると考えられています。行動経済学の理論でいう、フレーミング効果などの影響ですね」と回答されたという。

定価の2倍の価格で販売されたトルコ石を目にした消費者は、これは良いものに違いないと思い込み、買い求めたのである。価格を引き上げる前のトルコ石に対して、もしかしたら消費者はあまり質の良いトルコ石ではないと判断していたとも考えられる。

思い込みを活かしたマーケティング戦略はよく見かける。ここに1着5000円のワイシャツと、素材や見た目は全く同じだが、有名デザイナーが手掛けた1着3万円のワイシャツがある。「どちらがいいものだと思いますか?」と尋ねられた場合、後者と答える人は多いだろう。

高いものは良いものだという思い込み
──供給と需要の均衡点を覆す消費者の不合理な満足感

定価の2倍の価格にしたら、トルコ石がすべて売れたケースのように、高いものは良いものだという思い込みをしている人は多いだろう。高いものを見ると、「あれはいいものだ」というフレーム(価値評価の枠組み)が無意識のうちに心の中にできてしまうこともある。

直感的なひらめきや推論で判断する心理

1を聞いた瞬間に100をイメージして物事を理解した感覚になってしまう

また、直感的なひらめきによって「高いものは良いものだ」という錯覚や先入観が判断に影響する〝ヒューリスティック〟が生じる。瞬時の直感的なひらめきや推論によって1を聞いた瞬間に、100（物事の全体像）をイメージして（理解した感覚になって）しまうのである。

実際の社会で、高いものが良いものであることは多い。もし、企業が商品の品質をごまかして劣悪なクオリティーの商品を高い価格で販売していたら、消費者はその企業を信用しなくなる。あの企業は嘘をついて利益を得ているという印象が消費者の心理に浸透することで、事業の存続が難しくなることもある。わが国でかつて発生した食品の偽装問題は良い例だ。

高いものは良いものという思い込み、直感が働く理由など、伝統的な経済学が想定する需要

需要と供給のグラフ

ある特定の値段で一定の数量が売れる均衡点は商品の適正な価格・数量を表す

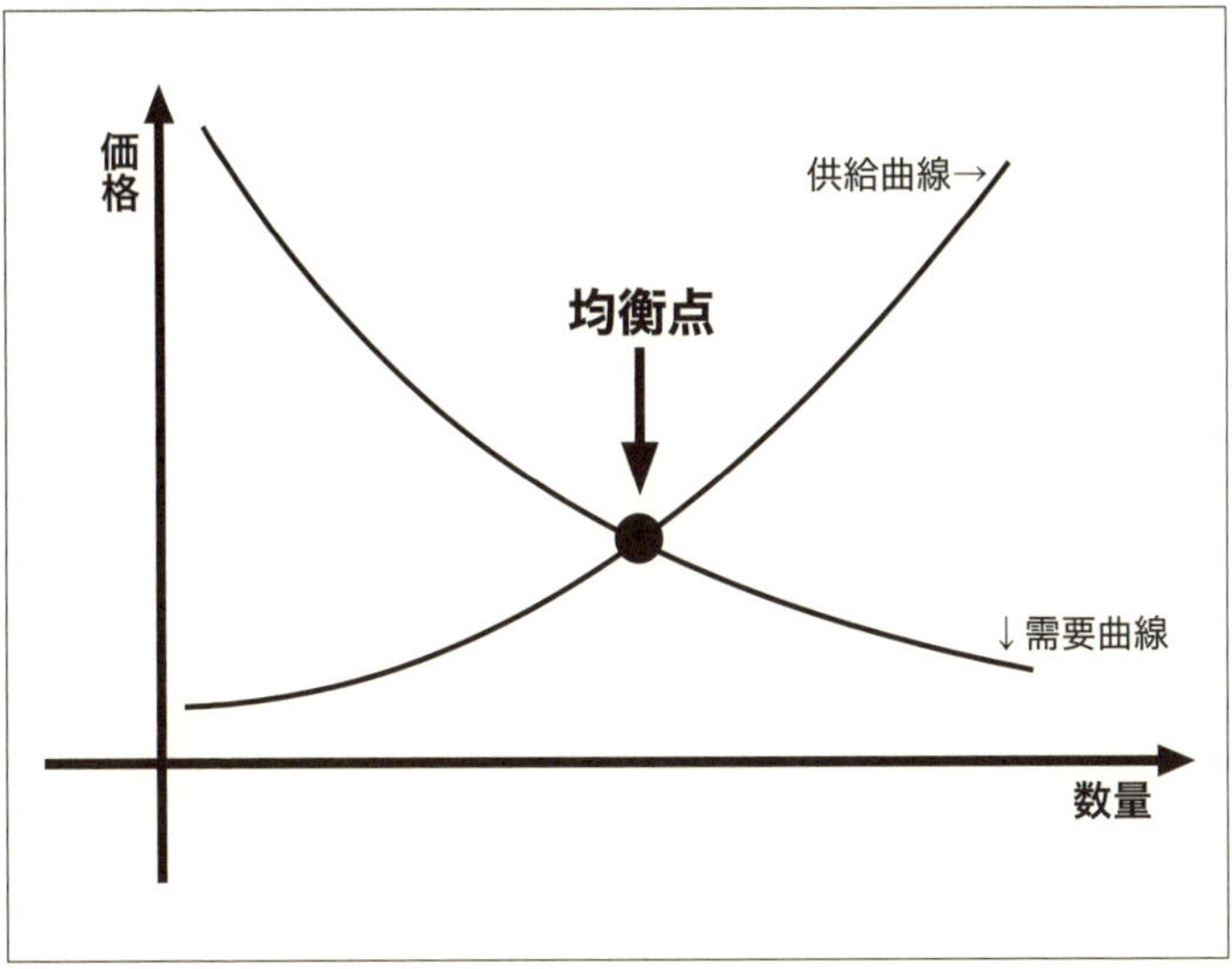

と供給の関係から考えるとわかりやすいだろう。まず、供給サイド（売り手）は商品をなるべく高い価格で、多く売りたい。一方、需要側（買い手）は極力それを安く買いたい。この関係を表すのが需要曲線と供給曲線からなる上のグラフである。

供給側と需要側が歩み寄ることで、ある特定の値段で一定の数量が売れるという均衡点が成立する。均衡点は、ある商品の適正な価格を表しており、売り手も、買い手も、満足している。意識しているか否かは別にして、この状態を前提にして私たちは消費の意思決定を行っていると考えられる。

均衡点よりも高いものを買う場合、多くの消費者は追加の支出に見合った満足感を求めるだろう。一方、企業は社会の公器として、多様な利害関係者（ステークホルダー）と良好な関係を築き、長期の存続を目指している。そうした消費者の要請に耳を傾け、価格が高い分、消費者が満足感を高める良いものを提供する必要性は増す。こうしたロジックや理屈が「高いものは良いもの」という思い込みや直感を支えていると考えられる。

ただし、行動経済学の理論に基づけば、私たちは常に、日常生活で正確に商品の品質と価格の関係を検証しているわけではない。時として、不合理な意思決定により、2倍の値段のトルコ石が売れたようなおかしなことも起きると考えられる。

消費者の気持ちを見破る3つの心理

――流行に敏感に反応、人と異なること、自慢したい心理効果

伝統的な経済学の理論では、他の条件を一定とした場合、価格が上昇すると需要は減少すると考える。ここに、1箱の値段が100円のチョコレートがあったとする。これが1箱150円に値上がりし、味も、入っている量も変わらないとすると、消費者は値上がり分の支出を負担する意味を感じづらくなり、買わなくなる人は増えるだろう。

ライベンシュタインが着目した消費者の需要の理論

3つの効果による消費者心理は、企業のマーケティング戦略の立案に役立った

　ウクライナに生まれ、のちに米国に移住した経済学者のハーヴェイ・ライベンシュタインは、消費者の選択は伝統的な経済学の通りにはいかないと論じた。代表的な論文に、『Bandwagon, Snob and Veblen Effects in the Theory of Consumers' Demand』（消費者の需要の理論におけるバンドワゴン、スノッブ、ヴェブレン効果／1950年）がある。この論文でライベンシュタインは、他者の需要が増えるほど人気が出ること、人と異なることを選びたい心理、価格帯の高い商品を買って周囲に見せびらかしたい消費者の気持ちに着目した。

　バンドワゴン効果は、宣伝しながら商店街を練り歩くチンドン屋に影響され、それにつられてしまう心理のことだ。ライベンシュタインは特定の財を消費する人が多いほど、自分も同じ

ようにその財を消費して効用（満足度）が高まることをバンドワゴン効果と定義した。これは流行に敏感に反応してしまう私たちの傾向を示している。テレビの通販番組で、「当社の製品は国内〇万人の方にご愛用いただいております」と紹介されることを目にする。これは、他者の消費量が多いものほど、自分も同じものを消費して満足度が高まるという、心の働きに着目したマーケティングの手法といえるだろう。

スノッブ効果とは、バンドワゴン効果と対照的に、人と同じものは消費したくない（人と同じものはイヤだ）という心理のことだ。スノッブ（ｓｎｏｂ）は気取りや、お高くとまった人、という意味である。

オーダーメイドのスーツを買い求める心理は、スノッブ効果の良い例といえる。既製品（レディーメイド）のスーツを買うと、他の人と同じで目立たないといった気持ちになることもある。一方、オーダーメイドのスーツは、自分の体格、自分で選んだ生地やボタン、デザインなど、好みに合わせてオーダーすることで自分だけの一品を手に入れることができ、満足感も高まると考えられる。

３つ目がヴェブレン効果である。これは米国の経済学者であるソースタイン・ヴェブレンが提唱した有閑階級の理論に由来する。有閑階級とは、たくさんの資産（富）を持ち、暇を持て余している富裕層を指す。彼らは自分の富を見せびらかすために、高額な商品を購入するとヴェブレンは指摘した。

ライベンシュタインはヴェブレンの指摘に着目した。私たちは周囲に見せびらかして自慢したいという欲求を持っており、同じ性能、品質のものであったとしても、無名ブランドではなく、高級ブランドを買い求める心理をヴェブレン効果と定めた。自動車を選ぶ際に日本車よりドイツの高級車を選び、バッグを選ぶ場合にフランスの高級ブランドを選ぶというのはヴェブレン効果の良い例だ。

ライベンシュタインの理論は企業がマーケティング戦略を立案し、より価格帯の高いものを消費者に買わせるために重要な役割を果たしたと考えられる。逆に、消費者はライベンシュタインの理論を学ぶことで、無駄な支出を減らすことができるだろう。

世界の企業に学ぶマーケティングの極意

――日本企業が見失っていた消費者ベースの発想

世界にはマーケティング戦略を重視したことで、高い成長を実現した企業は多い。代表例は、米国にある世界最大の一般消費財メーカーだ。元々、ろうそくと石鹸を作る企業として出発したこの企業は、洗剤、おむつなどの紙製品、化粧品、ヘアケア（シャンプーやリンスなど）の分野で大きな成長を遂げた。洗剤や化粧品などを扱う競争が激しい業界の中で、同社はマーケティングのノウハウを磨き、顧客が欲しいと思う商品をより高い価格で提供することで収益性を引き上げた。

同社のマーケティング戦略立案の秘訣は、顧客の体験と満足感をスタートにして事業の運営（経営）を構築することにあるようだ。まず、そのような領域（セグメント）で、消費者が何を欲しいと思っているかを分析する。どの市場をターゲットにするかを絞り、価格帯などを決める。その際、どの程度の収益率を目指すかも一緒に決める。そして共感や賛同を得られる可能性の高い製品を開発し、販売の促進に取り組む。

一貫していることは、消費者が何を欲しいと思っているかを徹底的に、シンプルに考えることだ。例えば、「便利さ」「ラクをしたい気持ち」などを追求した場合、洗濯用の洗剤に、洗濯槽の防カビ効果を追加する。今あるものと他の何かを結合することで、従来のモノとは異なる商品となる。消費者に面白さや驚きを与え、便利さなど直感的なイメージで伝わるような商品を生み出していくのだ。

資材の調達、生産および品質管理、物流の方法、販促など、商品によって組織も変わっていく。このように消費者が本当に欲しているものを理解することは、組織改革にもつながるだろう。消費者の深層心理を考えることはマーケティングの極意といえるのだ。

反対に、わが国の企業は、自社の発想をベースに事業を運営してきたことが多かったと考えられる。総合電機メーカーなどの商品開発などを振り返ると、自社の製造技術は高く、〝こだわり〟のあるものを、安く販売すれば消費者は満足するとの思い込みは強かったかもしれない。

1980年代の一時期、1人当たりのGDPでわが国は米国を上回った。そうした成功体験もあり、自社の製造技術は高く、それを磨くことで収益は獲得できるという固定観念が経済全体に浸透したようにも見える。わが国が〝失われた30年〟などと呼ばれる長期の停滞に陥った一因は、消費者の欲求をベースに事業を運営するマーケティング戦略の欠如が影響したとの見方もできるかもしれない。

時代とともに変化するマーケティング

――心理を悪用した誇張や嘘、消費者を騙す宣伝が増加

経済学の理論と同じく、時代とともにマーケティングの理論と手法も変化している。伝統的な経済学は、〝ホモ・エコノミカス〟（合理的な経済人）を前提条件に理論を構築した。しかし、

消費者を騙して販売促進を狙うステルスマーケティング

著名人のおすすめだからいいものに違いないという直感が働き購入してしまう

私たちは、常に合理的とは限らない。短期的に、人間はおかしな意思決定をすることもある。

行動経済学の理論に、バンドワゴン効果や思い込み（フレーミング効果）など、マーケティングと親和性の高いものは多い。そうした理論を活用して収益につなげようとする企業は増えている。その一つのきっかけは、インターネットの普及だろう。

1990年代、米国ではIT革命が起きた。それ以降、インターネットが急速に普及し、情報の取得は容易になった。2000年代に入ると、グーグルなどの検索サービスを使う人はさらに増えた。企業は検索のデータを取得し、それらを解析することで人々の関心、好みなどを分析する試みは増え、「ターゲティング広告」と呼ばれる手法が普及した。不特定多数の人を対象にした新聞の広告枠などに宣伝を出すのではなく、ネット検索の結果から類推される関心、好みなどに合う商品やサービスを、個人の興味に対象を絞って宣伝することが増えた。

ＳＮＳを用いたマーケティングも活発に行われている。〝インフルエンサー〟（ＳＮＳのフォロワー数が多く、社会心理に与える影響力があると思われる人）に自社製品のアピールをしてもらうことで、ファン（フォロワー）の憧れ、衝動買いなどの心理を突く手法も多い。

〝ステルスマーケティング〟という言葉も注目を集めた。ステルスマーケティングとは、本当は広告であるのに、それを隠して販売促進を狙うマーケティングを指す。ＳＮＳなどの普及によって、個人が情報を発信する機会は増えた。それに伴い、著名人を起用して商品の良さを誇張したり、嘘の内容を発信したりして消費者を騙すような宣伝を行うケースが増えた。

著名人がおすすめしている商品だから、いいものに違いないという直感（初頭効果）などが働くことで、消費者が本来であれば不要と考えられる支出のリスクは高まったと考えられる。わが国では、２０２３年10月からステルスマーケティングは景品表示法違反になった。このように、時代とともにマーケティングは変化している。

世界の小売王が確立した古典戦略

――モノを大量生産し、消費需要を満たすマーケティング1・0の時代

19世紀の後半、マーケティングの基本的な概念は、主に米国で誕生した。当時、工業化の進展によって大量生産システムが確立され、人々は必要なものを、必要な分だけ、より安く手に入れることができるようになった。モノを大量生産し、消費需要を充足する時代のマーケティングを〝マーケティング1・0〟と呼ぶことが多い。〝製品中心のマーケティング〟という呼び方もあるようだ。

かつて米国に、1886年創業の「シアーズ・ローバック」という小売企業があった。2018年に経営破綻したが、一時は世界の小売王と呼ばれたこともあった企業であり、著名な経営学者のドラッカーをして、全米で最も成功した企業の一つ、とも言わしめた。マーケティング1・0の時代を切り開き、同社は成長を遂げたと考えられる。

19世紀後半の米国では、交通網が未発達だった。農村部の消費者（主に農家）は、必要な衣類、農機具、日用品などを馬車で近隣の町に買い出しに行った。時折通りかかる行商人から買うことも多かった。今と比べ、買い物は不便だっただろう。物流システムが未発達だったため、店

マーケティング1.0の時代を切り開いたカタログ通販

シアーズは大量生産方式の確立を背景にして取り扱う商品数を増やした

に欲しいものがないケースもあったはずだ。経済的な観点からいえば、生活必需品などの潜在的な需要は多かった。

そこでシアーズは、日用品や農作業に使う道具などを掲載したカタログを発行し、農村の家庭に配布した。シアーズのカタログ通販を活用することで、消費者は必要なモノを、効率的に手に入れることができるようになった。シアーズは便利な企業だという評判が広まった。

シアーズは大量生産方式の確立を背景にしてカタログで取り扱う商品数を増やした。消費者はシアーズのカタログを使い、必要なモノの需要を満たすことができた。このように大量生産・大量消費の時代の幕開けとともに、モノを迅速に消費者に届けて需要を満たすというマーケティングが確立されたと考えられる。一時、シアーズのカタログは「消費者のバイブル」などと呼ばれることもあったようだ。

カタログを用いたマーケティングで成長を遂げたシアーズだったが、世界経済のデジタル化などによる事業環境の変化に対応することは容易ではなかった。その結果として、同社は自力での経営に行き詰まった。消費者は大量生産で供給される商品よりも、モノやサービスがもたらす満足感などを重視するようになった。それに伴い、マーケティングも変化していくことになる。

消費者志向にシフトチェンジした企業戦略

――消費者が欲しいものを選ぶマーケティング2.0の時代

世界経済の環境の変化に伴い、マーケティングの在り方は変化した。第2次世界大戦後、米国を中心に世界経済は復興を遂げた。早くから大量生産・大量消費の時代を迎えた米国では、1960年代頃から消費者の権利を重視する価値観が高まった。1962年、ケネディ大統領が「消費者の4つの権利」を提示したことは、マーケティング戦略の立案と実施に大きな影響を与えたと考えられている。4つの権利とは、選択をする権利、情報を与えられる権利、意見

消費者が欲しいものを選ぶマーケティング2.0の時代

消費者は安いから買うのではなく、欲しいものを選ぶようになった

を聞かれる権利、安全の権利を指す。

マーケティング1・0の時代、企業は消費需要を満たすために大量生産した商品を供給した。基本的に、消費者はそれを受け入れた。しかし、需要はいずれ飽和する。類似の商品が市場に出回ると、価格以外の点で差別化は難しくなる。企業は価格を引き下げて、シェアを維持しようとし始めた。さらに、内容物を偽って収益をかさ上げしようとするケースも出た。やがて消費者サイドも、画一的な商品ではなく、自分の価値観に合わせて消費を行うようになった。1960年代の米国では、環境保護、人種差別、女性の権利など若者の関心も高まった。安いものであれば売れるという環境は変化したのである。

1970年代以降、社会・経済的な変化を背

景に、消費者（顧客）志向のマーケティングの重要性は高まったと考えられる。世界的なマーケティング戦略の権威であり経営学者のフィリップ・コトラー教授（ノースウェスタン大学ケロッグ経営大学院教授）はこの時期に、マーケティング2・0を提唱した。大量生産されたものが市場にあふれる一方、日米欧などで個人の所得水準は高まった。消費者は安いから買うのではなく、欲しいものを選ぶようになった。

そうした変化に対応するため、顧客本位の事業運営の重要性は高まった。コトラー教授は、マーケティング2・0の時代に企業が対応するための一つの方策として、〝STP分析〟を提示した。

「S」はセグメンテーションで、市場を細分化することを意味する。消費者の好みは人それぞれだ。性別や年収、住んでいる国や場所、これまでの消費の履歴に加え、コトラー教授は価値観、性格、趣味や購入の動機といった心理的な要素などを基準に、市場を分けて考える必要性は高まったと説いた。

「T」はターゲティングを意味する。心理的な要素などに基づいて区分した市場の中で、誰に、何を提供するかを定める。年齢でいえば、若年層か壮年層か、自動車のような市場であれば、市場全体を対象にするか、特定の車種にするか狙いを定める。こうすることで、企業は特定層の顧客のニーズに寄り添いやすくなるだろう。

伝統的な経済学では、市場には完全知識を持った（何でも知っている）無数の参加者が存在する完全競争を前提にした。それに対して、コトラー教授は心理的な影響などを元に、企業は消費者の意見に耳を傾けるべきと説いたといえる。それまでの企業本位から、消費者の顔を思い浮かべることの重要性が高まったといってもいいだろう。

最後の「P」はポジショニングだ。ポジショニングとは位置取りの意味であり、競争環境の中でどのような立ち位置を目指すかということである。価格、デザイン、機能などを基準に、自社の競争優位性がどこにあるかを明確化することがポジショニングの具体的な内容である。

周囲に役立ち社会貢献を共有する戦略

――個人の価値観を重視したマーケティング3・0の時代

コトラー教授は、マーケティングというものは販売促進の方策というより、供給者と需要者（生産者、卸売り企業、そして消費者）の間で価値がどう決まり、それに基づいて需要がどう変化するかを考察する経済学の一分野と考えている。2010年、コトラー教授は、マーケティングは製品ありきから顧客本位、そして「人間の精神」（ヒューマン・スピリット）を重視し

人間の利他的な側面に着目したマーケティング3.0

周囲のために役に立ちたい、社会貢献したいという利他性も意思決定に影響

たものに移行すると論じるマーケティング3・0を提唱した。その根底には、社会や世界を、より良くしようという価値観がある。

ここでいう人間の精神とは、個人が人生を送る中で重視する価値観といえばわかりやすいかもしれない。例えば、コーヒーを飲む際に、フェアトレード（発展途上国や新興国で原材料の調達やモノの生産を行う際、現地の従業員の厚生を高めるために適正な価格で取引を行い、経済成長の持続性を高めること）を重視する企業から購入する。アパレル製品を購入する際に、リサイクルを行うなど脱炭素に貢献することを重視しているブランドを選好する、などである。

企業は、自社経営理念に共感し、一緒に実現を目指すパートナーとして消費者をとらえるべきであるというのがマーケティング3・0の骨

子といえる。

「購入する前に、本当に自社の製品が必要か、よく考えてください」というメッセージを消費者に提示し、持続可能な地球環境の実現を消費者と一緒に目指そうとする企業もある。マーケティング3・0のコンセプトを体現する良い例といえるだろう。

マーケティング3・0の特徴の一つとして、〝人間の利他的な側面に着目した理論〟と解釈することもできそうだ。伝統的な経済学では、人間は合理的であるだけでなく「利己的」であるとの前提条件を置いた。自分の欲求を満たす、利得を増やすために合理的に個々の経済主体(企業や個人など)が行動する結果として、最適な資源の再配分が決まると考えた。

しかし冷静に考えると、私たちは常に利己的であると限らない。ボランティア活動に従事する人は多く、社会のためになるか否かで就職や転職を検討する人もいるだろう。周囲のために役に立ちたい、社会に貢献したいという「利他性」は、意思決定に影響をおよぼす。そうした心の働きに着目し、コトラー教授は顧客本位から、消費者との共感を重視したマーケティング3・0が企業の長期存続につながると指摘したと考えられる。

スマホの普及とデジタル経済の新戦略

――デジタル化の波に乗ったマーケティング4・0の時代

２００８年9月15日、リーマンショックが発生したことで世界経済は急速に減速した。その後の景気回復を牽引した主たる要素は、スマホの普及だった。それをきっかけに、ＳＮＳなどデジタル技術の利用も急増した。コトラー教授は２０１７年に『Marketing 4.0: Moving from Traditional to Digital』を発表した。デジタル技術によって、マーケティングは新しい時代を迎えたのである。

デジタル化によって、現実の社会と、バーチャルな空間の境目が曖昧になったと考えられる。一例に、２０２４年5月、欧州連合（ＥＵ）の執行機関である欧州委員会は、米メタのアプリ「インスタグラム」と「フェイスブック」に中毒性があると指摘し、追加の調査を開始した。欧州委員会は未成年者の健康を損なう恐れがあることを問題視した。人とつながりたい、楽しい動画を見たいといった欲求をＳＮＳは掻き立て、それらに没頭して離れられなくなる人が増えたということだろう。

一方、ＳＮＳなどのデジタル技術は、人間の欲求をデータとして集めることを可能にした。

デジタル技術を活用したマーケティング4.0

SNSは商品宣伝などの役割も担い、宣伝を行う主体は消費者にも広がった

交友関係、投稿内容、グッドボタンを押したコンテンツの傾向など、SNSのプラットフォーマーはビッグデータを手に入れ、保存する。それを分析することでユーザーの好み、価値観などに刺さるコンテンツを提供し、さらにネットワークの参加者を増加させる。

SNSは商品宣伝などのプラットフォームとしての役割も担うようになった。重要なことは、商品の宣伝を行う主体がその企業だけとは限らず、消費者にも広がったことだ。ある商品を使って気に入った人はグッドボタンを押したり、この商品はおすすめだというメッセージを投稿したりする。池に石を投げ込むと水面に波紋が広がるように、おすすめの連鎖がフォロワーに広がる。

このようにして、SNSユーザーである顧客

は自分の欲求を満たし（マーケティング4・0が提唱する自己実現）、他者とも同じ体験を共有する可能性が高まっていく。モノからコトまで、あらゆる商品がSNS上で共有し、推奨される。

その他にも、デジタル技術は世界経済の環境変化を加速させた。新興国では、電波の基地局を設置することで携帯電話が普及した。先進国のように、電信網を張り巡らし固定電話が普及したのとは異なる成長パターンだ。ケニアでは、携帯電話通信と金融サービスを組み合わせた〝Mペサ〟と呼ばれる送金サービスが登場した。通信、IT、金融など、異なる業界同士の境界線は消えつつあり、臨機応変な対応が求められている。

顧客との接点を増やし、需要を獲得しようとする企業は世界全体で増えた。一方、選択肢が増えたことで商品を選びづらい状況にはなったのだが、SNSで有名人や知人が推奨していることを認識すると、商品購入の意思決定は行いやすくなるだろう。SNSなどのデジタル技術の普及で、商品の存在を知った消費者が購入を決断し、その推奨に至るまでのプロセス（カスタマー・ジャーニー）は変化したのだ。

認知・訴求・調査・行動・推奨の〝5つのA〟

――企業と消費者の接点を増やすマーケティングの本質

コトラー教授が提唱したマーケティング4・0の中に、〝5つのA〟のコンセプトがある。認知（Aware）、訴求（Appeal）、調査（Ask）、行動（Act）、推奨（Advocate）だ。順に確認すると、デジタル時代の消費者と企業が提供する商品がどういう関係にあるか、それを活かすために企業がどういった戦略を策定すべきかを考えることができる。

最初の認知（Aware）は、知っている・誰かから知らされることを意味する。体験や友人が使っていないことなどをきっかけに、消費者は企業が提供する商品の存在を知り、過去の経験を思い出す。テレビCMで目にしたことがある、といったことがこれに該当する。

次の訴求（Appeal）の段階で、消費者（顧客）は自分に合う、気に入ると考えるいくつかのブランドに関心を向ける。訴求という言葉になぞらえて考えると、企業は消費者の経験などを頼りに、心に刺さりそうなモノやコトをアピールする。消費者は、その中から気に入った少数のブランドの購入を検討する。消費者の心理は、「知っている」から一歩進んで、「気に入った」というレベルに移る。

気に入ったブランドを見つけた消費者は、次に調査（Ａｓｋ）を開始する。友人や家族に使い心地を聞くなど積極的に情報を収集し、ネット通販やレビューサイトでの口コミや評価を参考にする。ＳＮＳの普及で、消費者は気に入った少数のブランドに関する情報を収集しやすくなった。

情報を精査して納得したら、気に入ったブランドを消費者は購入する。これが行動（Ａｃｔ）だ。消費者は購入した商品を実際に使用し、故障した場合には、修理やメンテナンスを依頼することもある。

商品の使用を続けていると、消費者のブランドに対する愛着は深まる。気に入ったものを消費者はＳＮＳに「使い心地は抜群」「コスパ最高」などと投稿し、周囲に推奨（Ａｄｖｏｃａｔｅ）する。推奨を見聞きした人はブランドの存在を認知し、購入を検討することになるだろう。いざ商品の調査をしてみたが、金銭的なゆとりがなく購入を見送る人もいる。その場合、行動（Ａｃｔ）＝購入を飛び越えて周囲に自分が調査した結果を紹介し、おすすめする人もいる。

ＳＮＳにより、消費者と企業の接点は増えた。ＳＮＳのデータを活用することで、企業はより消費者の好みに合うモノやサービスの創造を目指すこともできるようになっている。マーケティングの本質は、消費者との接点を増やして潜在的な需要に耳を傾け、より効率的に付加価値を得る戦略の策定にあると考えることもできそうだ。

フリマアプリとシェアリングが普及した理由

――消費者の行動様式の変化と〝5つのA〟の大きな影響

マーケティング4・0の時代を象徴する変化の一つとして、スマホの〝フリマ〟（フリーマーケット）アプリ、自動車などをシェアして使う〝シェアリング〟ビジネスが登場した。それらをきっかけに、これまでの消費者の行動様式も変化したと考えられる。

従来のわが国では、欲しいモノは新品で購入し、それを自分だけが独占的に使用することが基本的な行動様式だった。しかし、世の中の節約志向が強まったことで、消費者の無駄を省く意識は高まった。例えば、自動車を所有してはいるものの毎日乗らない人、ウインタースポーツを楽しむためにスキー板やボードなどの道具を揃えているが、1年に1回行くか行かないかという人、そして子供を持つ親たちは、数回しか着なかった子供服や一度しか使わなかった玩具など、それらのモノたちの有効利用やお得な入手方法を探し始めたのだ。

それまでも、使わなくなったモノを低価格で売買するフリマを開催している地域はあったが、定期的に開かれているわけではなかった。スキーなどの道具に関して、モノを手に入れる（購入する）必要性は感じていないが、相応の金額で利用すること（シェア）ができれば十分だと

マーケティング4.0の時代を象徴する変化

世の中の節約志向が強まり、SNSのネットワークが新たなビジネスを生んだ

感じている人もいた。

そうしたニーズをマッチングさせるために、SNSが果たした役割は大きかった。ITスタートアップ企業の中には、SNSのネットワークを応用して、ネット空間上でフリーマーケットを運営したり、モノや個人のスキルのシェアリングをしたりするサービスが登場した。そのプロセスを前述の5Aに基づいて考えると、以下のようになるだろう。

知人から「フリマアプリは便利で良い」といったことを知らされ（認知）、いくつかのブランドの中から自分に合いそうなアプリの候補を選ぶ（訴求）。候補が出揃い、実際にアカウントを開設したり、使っている知人に感想を聞いたりする。積極的に情報を収集し、使い勝手やユーザーの評価などを調べる（調査）。

特定のアプリが自分に合うと判断できれば、実際に不要なものを出品したり、モノやコトをシェアリングしたりする（行動）。不要なものを売却して収入を得たり、必要に応じてモノを共有したりすることで満足感が得られると、周囲にもアプリを勧める（推奨）。

スマホの普及とともに世界に広がったフリマアプリやシェアリングの背景にも、マーケティング4・0にある5つのAの影響は大きかったと考えられる。

事業運営の発想を切り替える新たな試み
――マーケティングの専門家を経営トップに招く日本企業

フリマアプリやシェアリングエコノミーのように、デジタル技術の進歩によって消費者の行動は変化する。デジタル技術の発展スピードは急速だ。しかも、変化のパターンは過去に経験したものと異なることも多い（非連続）。観光の分野では、漫画やアニメなどの熱心なファンが、作品に登場した場所、あるいはゆかりのある土地を〝聖地〟と呼び、実際に訪問する〝聖地巡礼〟などの需要も増えた。SNSを用いた「ライブ・コマース」など、消費者と企業の接点は多極化している。

海外の企業で成果を上げたプロの人材に経営を任せる

従来の発想を捨て、マーケティングのプロをトップに招く日本企業が増えている

わが国の企業の中には、海外の企業でマーケティングの実務を積み、成果を上げたプロの人材を招き、経営を任せるケースが増えている。狙いは加速度的、かつ、非連続的な変化に対応するため、消費者が無意識のうちに（潜在意識の中で）抱いている欲求を刺激できるようなモノを生み出したり、その提案手法を構築したりすることだろう。

従来の日本企業であれば、製造技術を磨いて自社の発想に基づいた場合の中で〝良い〟と判断できるものを供給することが多かった。その結果、思うように売れ行きが伸びず、生産が止まったものは多い。専用の眼鏡を装着して３Ｄ画像を視聴する〝３Ｄテレビ〟は良い例だろう。企業側の発想としては、立体の画像で映画やドラマを視聴できれば、ダイナミックな映像空間

に消費者をいざない、より鮮烈な体験を提供できるという考えがあった。

しかし、こうした企業の発想は消費者に受け入れられなかった。3D眼鏡を装着することは煩わしく、テレビを寝転がりながら見づらくなる。そうした直感的な違和感などを解消できないと、いくら製造技術が高度だったとしても消費者に受け入れられることは難しくなるだろう。

むしろ重要なのは、根本的な欲求に寄り添うことだ。それがうまくいくと、需要を創出する可能性は高まる。ゼロから新しいものを生み出すことが成長に必要不可欠と限らない。すでにあるモノとモノを結合したり、あるいはモノに新しいイメージを付加する。そのための事業戦略を立案するために、世界的なメーカーなどでマーケティングに従事した専門家をトップに招き、事業運営の発想そのものを変えようとする日本企業は増えている。

生身の人間の実像に迫る事業運営

——合理的な意思決定を支える〝感情がないデータ〟を分析

スマホの普及、SNSのユーザー増加に伴うターゲット型広告の市場拡大などで、世界の企業は消費者の好みや価値観などのデータを獲得しやすくなった。ビッグデータを活用し、企業

感情が入る「情報」と感情がない数字のみの「データ」

データを分析することで人々の関心や流行を理解できるようになった

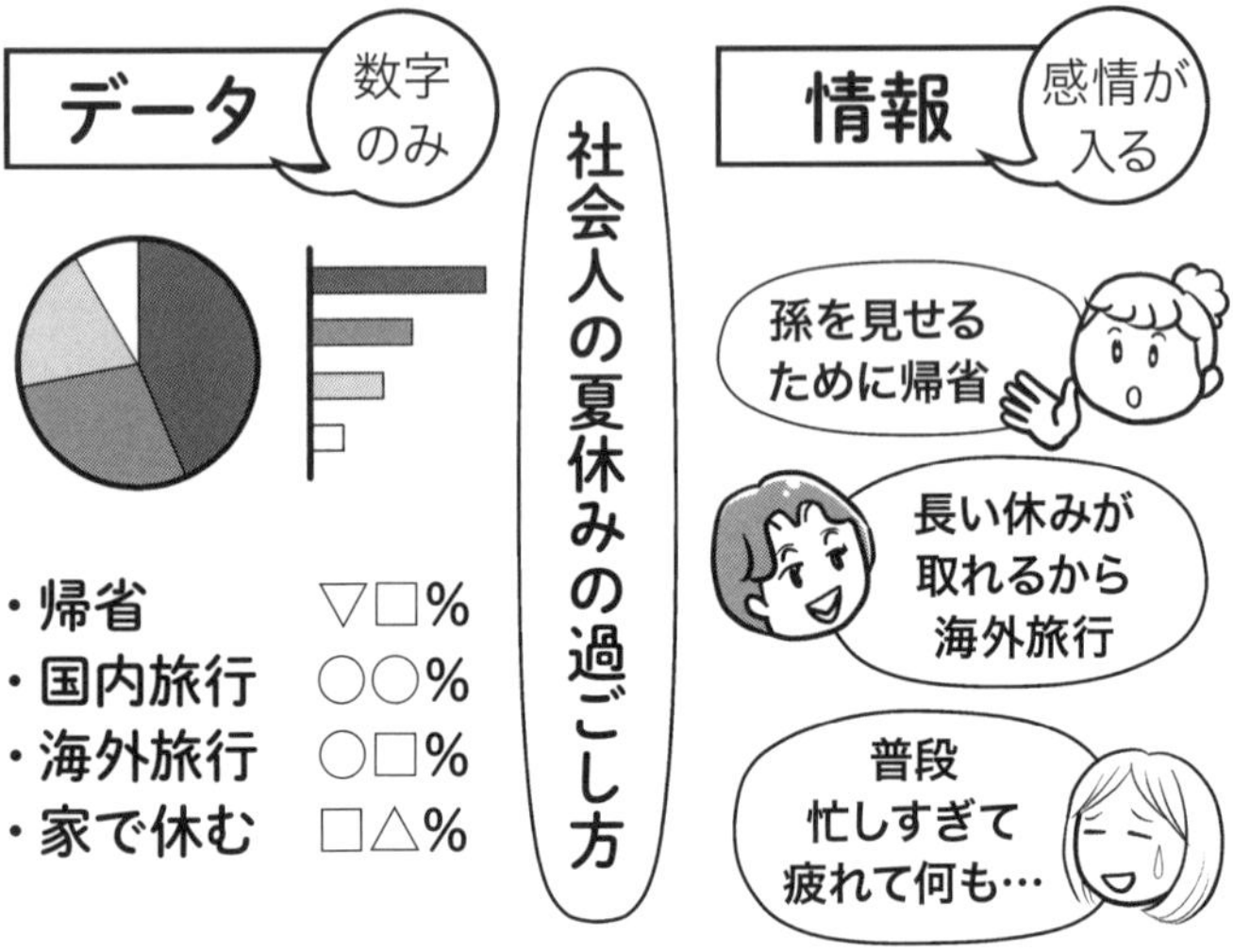

向け、消費者向け事業の両面で、収益獲得の可能性を高めようとする企業も増えた。

例えば、わが国の総合電機メーカーの中には、リーマンショック後に構造改革を進め、業態転換を遂げた企業がある。同社は、重厚長大な分野で子会社を売却するなどした。そこで獲得した資金を、ソフトウェア分野に再配分した。根底にあったのは、ビッグデータの分析を行うことで、従来は認識できなかった人間の行動や需要などを把握できるという考えだ。

まず、ＡＩを用いた産業向けのプラットフォームを構築し、ビッグデータの分析体制を構築した。従来から供給してきた産業、インフラ分野向けの機器にはセンサーを搭載した。顧客との間では、機器の供給とメンテナンスなどをパッケージとして契約する。

センサーを通して機器の摩耗や劣化に関するデータを収集することで、AIを用いたITプラットフォームでデータを管理し、定期的にメンテナンスを提供して収益を得る。データを分析することで、顧客の事業運営を効率化できるように事業戦略のコンサルティングを行い、これによって付加価値を生み出す可能性も高まる。AI分野の成長の加速もあり、業績は拡大した。

こうした事業運営は、データドリブン経営の好事例といえるだろう。データドリブンとは、データに引っ張られるということだ。データが合理的な意思決定を支えると解釈すればいいだろう。

しかし、情報とデータは異なる。情報には人間の〝なさけ〟（感情）が入る。そのため、どれだけ情報を収集したとしても、認知的な情報の利用可能性や気質効果などの影響から、合理的な意思決定を下すことは容易ではないこともある。

反対に、データ（数字）に感情はない。統計学の手法を使ってビッグデータを分析することで、人々が何に関心を持っているか、どういうことが流行っているかなどを理解することができるようになった。

データの分析で、従来はあまり知られていなかった消費者の思考（嗜好）、行動様式を客観的に把握できる可能性は高まる。データの利用、それに基づいた意思決定により、マーケティングや企業の事業運営も変化している。分析に都合のいい前提条件を置くのではなく、デジタル化を背景にして生身の人間の実像に迫り、需要を生み出そうとする取り組みは加速している。

AIの成長と未来のマーケティング戦略

——個人を鮮明に理解することで意思決定の常識も覆される

２０２２年11月末、米国のオープンＡＩは「チャットＧＰＴ」を公開した。それをきっかけに、大規模言語モデル（ＬＬＭ）と呼ばれるタイプの人工知能（生成ＡＩ）の利用は急増した。米国のグーグルやアマゾン、テスラ、中国のバイドゥなど、ＡＩ開発に取り組む企業も増えている。中長期的に半導体の性能向上でＡＩの進化は加速し、ＡＧＩ（汎用人工知能）、人類の知能を超越したＡＳＩ（人工超知能）実現の期待も高まっている。

ＡＩはビッグデータを分析して、原因と結果の合理的な推論を可能にする。物理の世界であれば、例えば水は１００℃で沸騰して液体から気体に変わる。因果の関係は明確だ。一方、経済の場合、何が原因で、その結果がどうだったかを明確に示すことは、口で言うほど容易なことではない。例えば、ヒットソングが流行した原因は、アーティストの歌唱力や曲調が良かっ

AIを使って個人の実態を鮮明に理解する

ファンを一塊にせず、AIによってグループ分けして因果を分析する

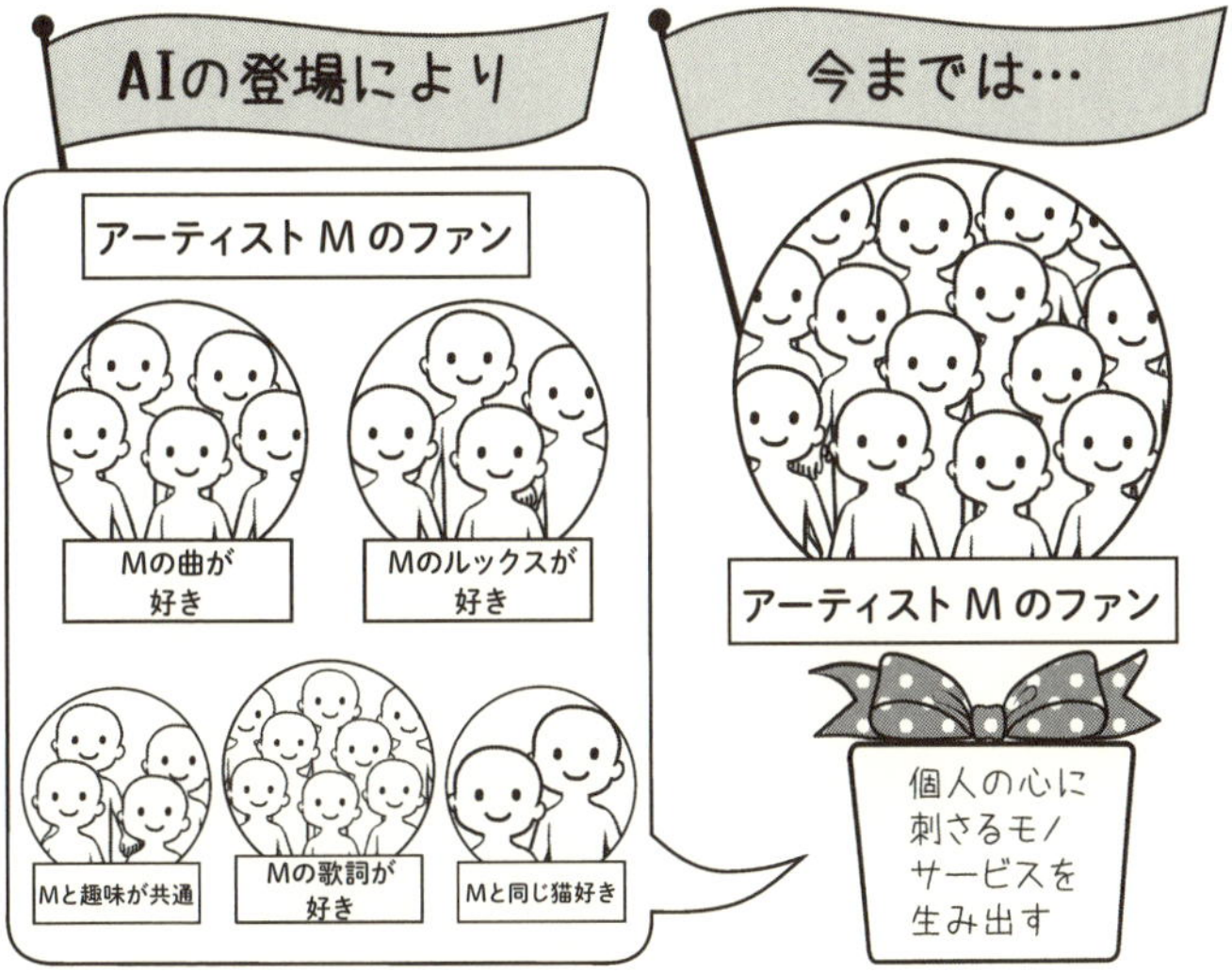

たのか、作詞家の言葉の選び方が社会心理に響いたのか、それとも群集心理が影響したのか、その要素はいろいろと思い当たる。

ＡＩを使うと、経済分野における因果の分析が行いやすくなるだろう。ファンクラブの加入者の場合、消費者（ファン）を一塊《ひとかたまり》にして管理するのではなく、個人の行動履歴などのデータを分析することで、楽曲やコンサートチケット購入に影響した因子を把握する。共通する項目ごとに、ファンをいくつかのグループに分けて関心を引く可能性の高いイベントの運営などを行う。

ＡＩを用いると、個人の実態をより鮮明に理解することができるかもしれない。そうした期待からＡＩのニーズは急増した。かなりの部分は潜在意識に宿っていた認知である可能性も高

い。ＡＩを用いてマーケティング戦略を立案・実行することで、企業が個人の心に深く刺さるモノやサービスを生み出す可能性は高まると予想される。

これまでのビジネスの常識は覆り、「〇〇の専門家」と称されていた人（ホワイトカラー）の役割も変わるだろう。一方、ＡＩが埋没感の高い選択肢を提示することで、人間がＡＩに影響され、さらには管理される恐れもある。まるで近未来を舞台にした小説や映画の世界のように、ＡＩは人類にとって脅威であるとの警鐘を鳴らす専門家もいる。

ＡＩ業界の成長によって、伝統的な経済学と行動経済学の境目は曖昧になるだろう。これまで重要な定理であると認識されてきた理論が、変化する可能性も高まる。マーケティングにとどまらず、ＡＩの成長で私たちは人間の実態を深く理解し、消費や投資などの意思決定の在り方を、ありのままにとらえることができるようになるかもしれない。

第5章

バブルに見る、ずる賢い欲望と矛盾

繰り返されたバブルの狂騒

――異常な価格上昇に熱狂する人間を行動経済学で分析

　第5章では、〝バブル〟について考え、そこから見える生身の人間のずる賢い欲望と心理の矛盾を説明する。バブルとは、経済の理屈では理解できないほど資産の価格が上昇（高騰）する経済現象をいう。バブルは、決して特別なことではない。歴史を振り返ると、それと思《おぼ》しきものを含め、大なり小なりバブルは発生していた。

　バブルの対象になる資産は多い。株式、通貨、債券などの金融資産、不動産、骨董品、原油や銅、穀物などの商品（コモディティー）、金などの貴金属、ダイヤモンドなどの宝石、チューリップの球根、ビットコインに代表される民間の仮想通貨など、挙げればきりがない。欲しいと思う人がいて、お金を払っても手に入れたいという欲求の対象になりうるものは、すべてバブルの対象になりうる。

　一方、伝統的な経済学の理論には、一物一価《いちぶついっか》の法則がある。特定のモノの価格は一つに決まるという考え方だ。合理的な投資家であれば、説明できないほどの価格がついているモノには手を出さない。伝統的な経済学は、バブルを例外的な事象（アノマリー）として真正面から説

球根の価格が高騰したチューリップ・バブル

富の象徴として球根に対する投機が起き、球根の先物取引まで行われた

明することを放棄してきたのだ。

しかし、実際にバブルは多く発生している。17世紀のオランダでは、〝チューリップ・バブル〟が発生した。当時、オランダでは、珍しい花が咲くチューリップの球根を持っていることが、上流階級の証としてもてはやされたようだった。自分を実態以上によく見せたい、他人が羨ましがるようなチューリップの球根を持って富を誇示したい人が増えたのだ。人々の欲求は高まり、富の象徴としての球根に対する投機が起きた。

誰かが買うと、球根の価格は上昇した。価格上昇を見た別の人は、うまくやれば儲けが出ると考え、追加で買いを入れる。「買うから上がる、上がるから買う」という連鎖反応は価格上昇への過度な期待を高めた。

当時、将来の購入を約束する球根の先物取引まで行われた。あの人も買ったから自分も買わなければいけないという群集心理は高まった。自分の取引はすべてうまくいくというコントロール・イリュージョン（自信過剰）に浸る人も増え、球根の価格はさらに高騰した。

スコットランド出身のジャーナリスト、チャールズ・マッケイの記録によると、40個の球根の価値が10万ギルダー（当時のオランダの通貨単位）に上昇した場面もあった。当時、熟練した職人の年収が約１５０ギルダーだった。価格上昇の強烈さがわかるだろう。冷静に考えるとおかしな状況なのだが、実際にバブルの渦中にいると熱狂から逃れることは難しい。バブルとの付き合い方で人生が変わることもある。生身の人間を分析の対象とした行動経済学の理論を用いて、バブルを理解する意義はある。

バブルの発生と崩壊に見る人間の強欲さ

――負の記憶を消し去る儲けへの強い欲求が新たな狂騒を生む

バブルの発生と崩壊を考えると、強欲な人間の心理を確認できるだろう。行動経済学では、短期の価格変動の要因を、心理学の理論や手法（実験）を用いて分析する。そのため、生身の人間の意思決定を現実に則して分析し、バブルなどの〝アノマリー＝例外事象〟を説明することが可能になった。行動経済学の一分野である行動ファイナンスは、短期の変動理論に位置づけることができる。

短期的に、私たちはおかしな意思決定を下すことがある。徹夜で麻雀（合理的と限らない行動）を続けると、生活のリズムは崩れる。体調も崩しやすくなる。体調が悪くなると、満足のいく仕事をすることは難しい。その状況に反省し、行動様式を改めることで、徐々に人間の合理性は高まっていく。

それでもバブルは繰り返し発生してきた。バブルが発生し、相場が過熱すると価格上昇の勢いにつられるようにして利得を追い求めてしまう。バブルがはじけて相場が急落すると、認知的不協和は高まり、損失を抱えたまま事後の改善を願う。コントロールの喪失（自信の喪失）により、茫然自失になって身動きが取れなくなる人もいる。「もう株式投資はこりごりだ。絶対にやらない」と思う人も出てくるだろう。

その後、相場が上昇してバブルの萌芽《ほうが》が膨らみ始めると、かつて経験した負の記憶は薄らぎ、再度、相場に参戦する。バブルに関して、学習効果は働きづらいかもしれない。だから、バブルは繰り返し発生しているのではないだろうか。

バブルの誘惑は強い。主な要因の一つは、儲け（利得）への強い欲求（強欲心）だろう。富

バブルを繰り返し発生させる強欲な人間の心理

富を追い求める強欲さによって、かつて経験した負の記憶は薄らいでしまう

を増やしたい、自らの力を誇示したいといった考えは、私たちの記憶に深く刷り込まれてきた。勾玉《まがたま》、古墳など、人間は古代から着飾ったり、地位の高さを象徴したりして、その欲望を表現してきた。

その後、貨幣が登場すると、お金で測った価値を増大し、経済的な力の向上を追い求める人は増えた。栄華を誇示しようとする人も増えた。そうした強欲な心理は人々のリスクテイクを促し、経済の成長を促進する要素になりうる。一方、リスクテイクの増加から投機熱が高まり、バブルが繰り返されてきたと考えられる。人間の心理から富を追い求める強欲さがなくならない限り、すべての経済活動はバブルに通じる可能性を秘めているといえそうだ。

バブルの発生と〝カネ余り〟のメカニズム

――人々のお金を増やす金融緩和や拡張的な財政政策

バブルが発生する要件は、主に2つ考えられる。1つ目は、〝カネ余り〟だ。人々が株や不動産などに積極的に投資するためには、資金が潤沢でなければならない。それに影響をもたらすことが多いのは、金融政策と財政政策だろう。

金融政策は、各国の中央銀行（わが国であれば日本銀行）が立案、運営する。景気の先行き不透明感が高まると、中央銀行は金融を緩和する。政策金利を引き下げたり、流通市場で国債などの資産を買い入れたりするのだ。

金利は、お金のレンタル料である。利下げが実施されると、個人や企業などの資金借り入れコストは減少する(お金を借りやすくなる)。国債の買い入れ(量的緩和と呼ばれることもある)で、中央銀行は金融機関などが保有する国債を買い取り、その対価を支払う。金利が低下したり、資金供給量が増えたりすることで、金融機関などの投資資金は増え、リスクを取りやすくなるだろう。

次に財政政策では、政府（わが国であれば財務省）が立案、運営する。減税や財政支出の

金融緩和と拡張的な財政政策でカネ余りが発生

資金が潤沢になることで、投資の資金がだぶつきバブル発生の要因となる

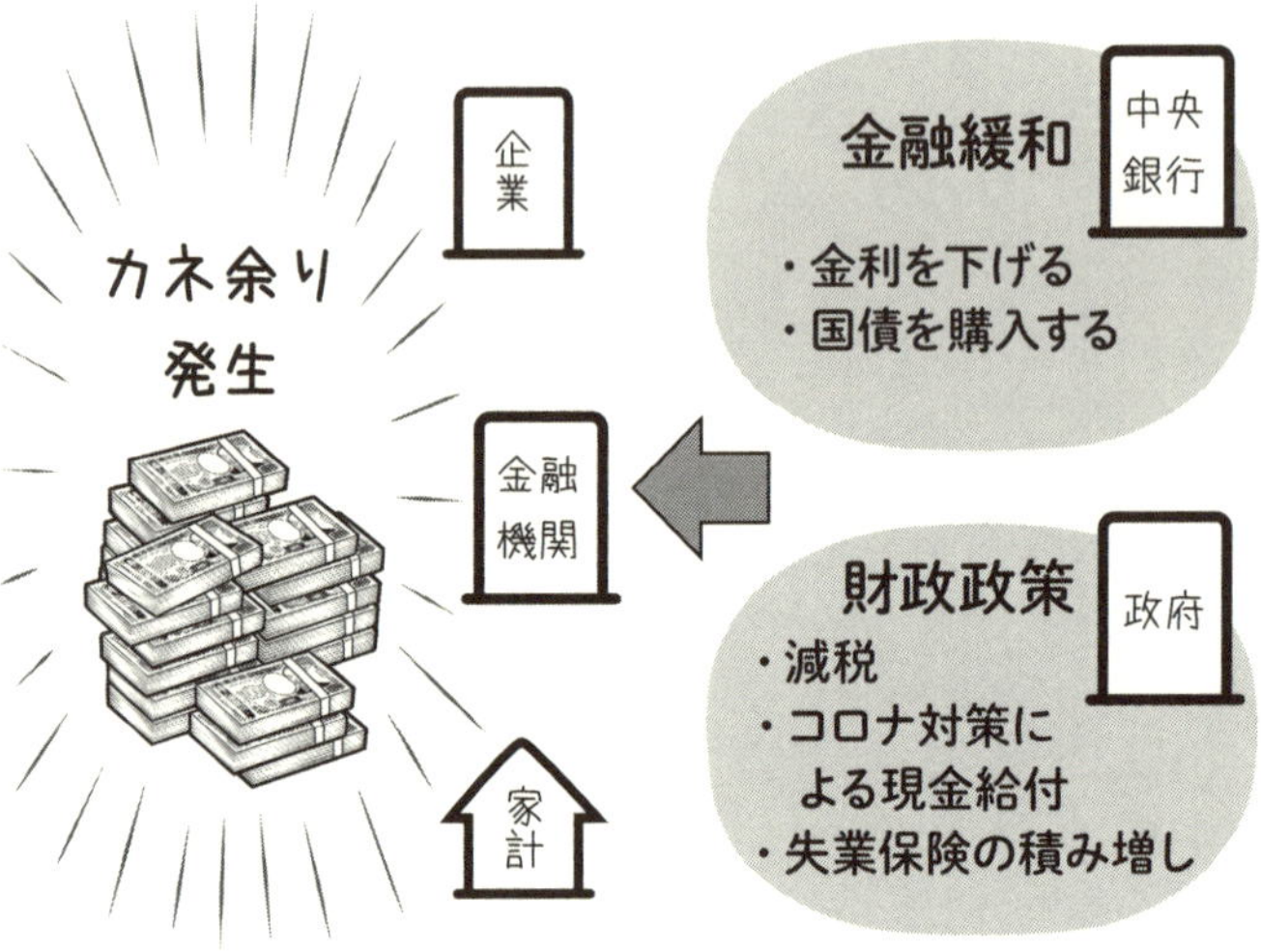

拡大によって、政府は景気刺激策や家計・企業の支援を行うことがある。2001年、米国では「ブッシュ減税」が実施され、企業や個人（特に富裕層）の税負担が大幅に減少した。2017年、トランプ政権も減税を実施した。財政支出が増える局面で中央銀行が利下げなどを実施することもある。

2020年以降に深刻化した新型コロナウイルス感染症のパンデミック対策にあったように、政府が家計に対する現金の給付や失業保険の特例措置などを実行することもある。当時の米国では、失業保険の積み増しと現金の給付などで、一時的に働いていたときを上回る所得を得る人も増えた。コロナ禍で巣ごもり生活が続く中、スマホでゲームをするような感覚で株式投資や仮想通貨の取引を行う人は増えた。その

結果、一部の株式の株価が急騰した。

このようにして、金融緩和や拡張的な財政政策の運営により、企業や家計、金融機関が保有する（調達できる）お金が増え、投資（投機）の資金はだぶつき始める。これがカネ余り発生のメカニズムである。

過去に発生した大型のバブルを振り返ると、1980年代半ばから末までのわが国の資産バブル（株式と不動産の価格高騰）、1990年代半ばから2000年9月までの米ITバブル、ブッシュ減税後から2006年半ばまでの米国の住宅バブルなど、いずれもカネ余りが発生することで、バブルは発生したと考えられる。

過度な成長への期待とバブルの発生

――「成長や上昇は間違いない」という〝間違い〟が蔓延する背景

バブル発生の2つ目の要件は、過度な成長への期待である。金融緩和や財政支出の増加を背景に、経済全体でカネ余りが発生する。だぶついた投資資金は、成長期待の高い分野に流入する。成長の期待とは、今後その資産を手に入れたいと思う人が増え、価値が急速に上昇するとみられる観測の高まりだ。状況によっては、「この国の株価は絶対に上昇する。株を買わない人が信じられない」という、まるで陰謀論のような強気論が登場することも多い。

１９８０年代後半のわが国で、株価と不動産（土地の価）は「上昇は間違いない」という期待が高まった。高い利得を実現するために、金融機関からお金を借り入れ、自分の財産以上の金額で株式や不動産を取引する人は増えた。

企業は、余剰な自社の資金や外部からの資金調達を活用して〝財テク〟（財務テクノロジー）に走った。財務担当者などが株式や債券を買ったり、土地を購入したりすることによって本業以外の収益を増やし、業績を拡大しようとしたのである。

著名な芸能人の中には、東京の六本木や赤坂のマンションなどを積極的に買う人も登場した。当時のテレビインタビューで、不動産投資のプロともてはやされたある著名人は「この時代、株式や不動産に投資しないなんて考えられない。未来永劫、株も、地価も、上昇は間違いない」と断言した。将来のことは誰にもわからないのだが、この人は〝コントロール・イリュージョン〟に浸り、自分は損をしない優れた相場感覚を持つ投資家（相場師）と信じ込んでいた。先行きを過度に楽観する投資家の増加で、わが国の資産バブルは膨張したのである。

１９９５年頃から発生したと考えられる米国のＩＴバブルでは、ヤフー（Ｙａｈｏｏ！）などネットビジネスを運営する企業の株価が上昇した。ＩＴバブルは、情報通信分野の企業の株が高騰する株式のバブルだった。

背景には、インターネットで情報収集などのコストは低下し、サプライチェーン運営の効率性も向上するといった期待の上昇があった。需要と供給の迅速な一致によって企業のコストは逓減する。それによって世界全体でインフレ率は落ち着く。一方、インターネットが企業の収益獲得の可能性を高めるとの見方も急増した。

一部では、米国のＩＴ革命で世界経済は黄金期を迎えるといった成長ストーリーも登場した。楽観に浸る投資家は増え、収益が出ていないにも拘らず、ネット事業で成長を目指すという新興企業も登場した。その結果、○○ドットコム（○○．ｃｏｍ）と名の付く企業であれば成長は間違いないと過信、妄信する投資家は増え、ＩＴ先端銘柄を十把一絡《じっぱひとから》げにするようにして買い漁ったのである。こうして米ＩＴバブルは膨張していった。

群集心理で相場が過熱してバブルが膨張

――「買うから上がる、上がるから買う」と連鎖する心理

カネ余りが発生し、過度な成長への期待が高まると、徐々にリスクをとって投資する人は増える。株価が上昇し始めると、「今、株を買わないなんてありえない」といった先行きの価格上昇に対して強気な人が増えるのだ。

それに伴い、行動経済学の理論にある〝ハーディング現象〟が起きる。私たちは1人で行動することに不安を感じることがある。それよりも、大勢の人と同じことをした方が、何となく安心するものだ。こうした心理の働きで、相場は過熱し、バブルは膨張する。

バブルが発生し、相場が勢い良く上昇し始めると、私たちの身の回りには、リスクテイクを推奨する情報が増える。リスクテイクを意図的に煽っていると読み取れるような宣伝などが増えたこともあった。

過去のバブル発生を振り返ると、次のようなものがあった。電車に乗って中吊り広告に目を向けると、今週発売の週刊誌の宣伝が目に入った。大きな字で、「100年に1度の大相場到来、今、あなたはどの株を買うべきか」という特集記事がある。

強気な心理の連鎖によりバブルが膨張

群集心理が高まって相場が過熱し、カネ余りと過度な期待で買いの連鎖が生まれる

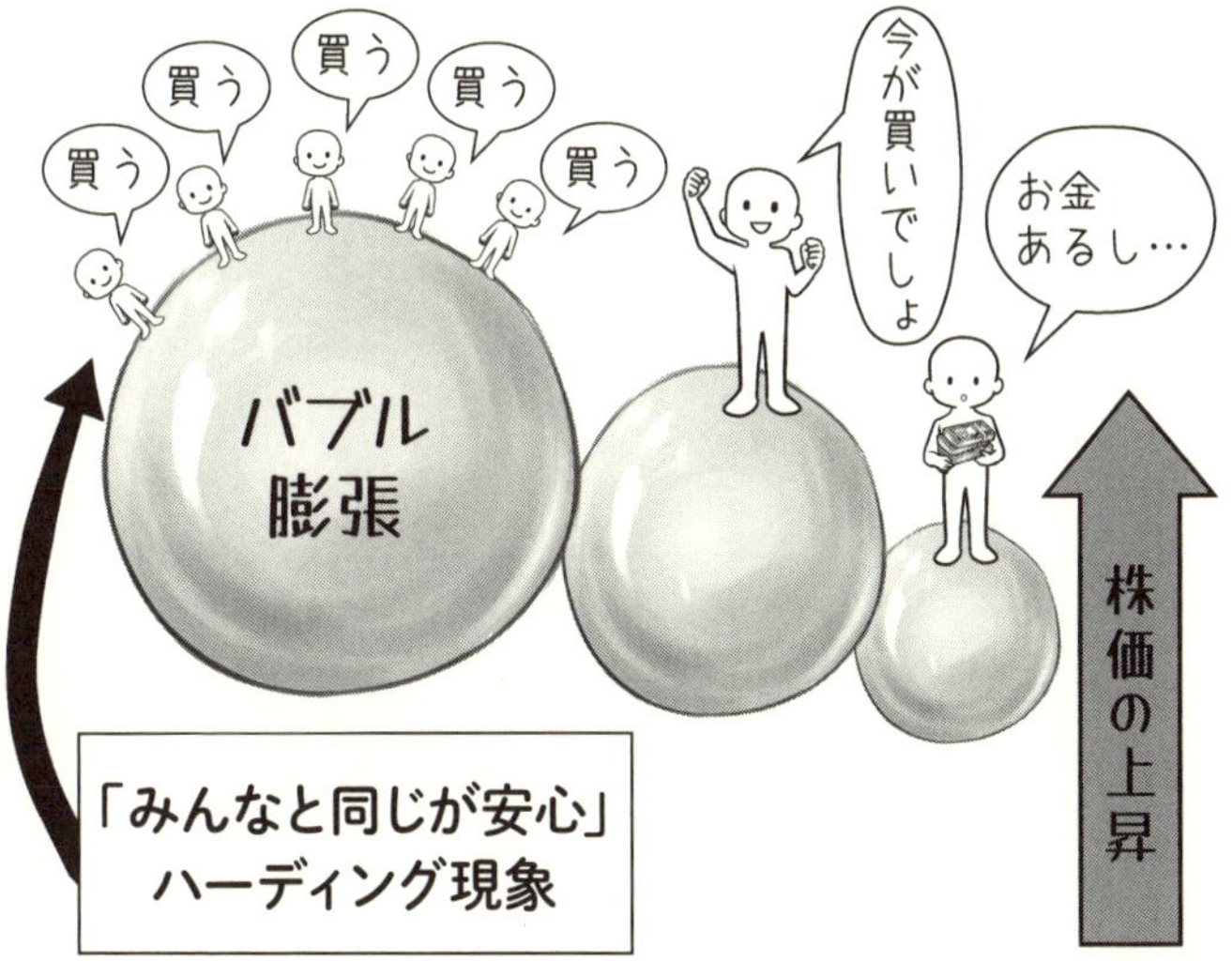

書店に行くと、投資雑誌が平積みになっていた。手に取って記事に目を通すと、株式評論家と称する人の推奨銘柄一覧が袋とじになって掲載されていた。株式評論家のアドバイスに従って株を買い、うまくいった人の体験談も載っている。金融機関から投資資金を借り入れてレバレッジをかけ、巨額の利益を手に入れた個人投資家も紹介されていた。

書店を出て証券会社の前を通りかかると、「これであなたも株式運用の専門家になれる」という、キャッチフレーズの付いた投資セミナーの案内が掲示されていた。すでに、満員になっている回も多かった。

電車の中吊り広告、雑誌の特集記事の内容、各種投資セミナーのことを知人に報告すると「もう、株式投資をやっているよ。やるなら早

いに越したことはない」と異口同音に告げられた。

あらゆる情報を見聞きしたことで、「これから株価が上昇する」と判断し、株を買う。その株を買った人を見た別の人が、さらに株を買う。階段状に連なった滝（カスケード）を水が流れ落ち、激流が発生するように、1人の行動が2人、3人……と株式の買いの連鎖を生む。このように、自分以外の行動を真似して意思決定することを〝インフォメーション・カスケード〟と呼ぶ。

今日、SNSやネット掲示板の影響もあり、群集心理は急速に高まりやすくなっているとの見方もある。カネ余り、過度な期待に端を発した〝買い〟が相場の上昇につながり、「買うから上がる、上がるから買う」という強気な心理の連鎖が起きる。相場に乗り遅れてはいけないという切迫感などから、株式投資を行う人は増えてハーディング現象が起き、バブルが膨張すると考えられる。

新ＮＩＳＡの開始が株価に与えた影響
――7兆5000億円の資金流入で高まった群集心理

バブルにはおよばないものの、群集心理が高まって株価が上昇し、相場の過熱感が高まることもある。代表的なケースの一つは、２０２４年から始まったわが国の〝新しい少額投資非課税制度〟（ＮＩＳＡ、新ＮＩＳＡ）だ。新ＮＩＳＡは、国内外の個別株と投資信託を購入する「成長投資枠」と、投信を積み立てる「つみたて投資枠」からなる。投資の上限額は年間３６０万円に拡大した。非課税で運用できる期間も恒久化され、個人投資家は長期の資産形成がしやすくなった。

２０２４年1～6月期・国内の主要証券会社10社における新ＮＩＳＡの購入金額は、約7兆５０００億円だった。前年同期の旧ＮＩＳＡ（つみたてと一般の合算）は1兆８３３４億円だったので、約4倍の資金が投資信託や個別企業の株式に流入した。投資信託の購入額は約4兆円、若年層を中心に手軽に世界の株式に分散投資が実行できる上場投信（ＥＴＦ）の人気が高まった。また、日本株（個別銘柄）の購入額も約3兆円あった。

株式市場への資金流入は、コップに水を注ぐことをイメージするとわかりやすいだろう。コッ

新 NISA による株式市場への資金流入

コップ(株式市場)に水(投資資金)が流入して水かさ(株価)が上昇することもある

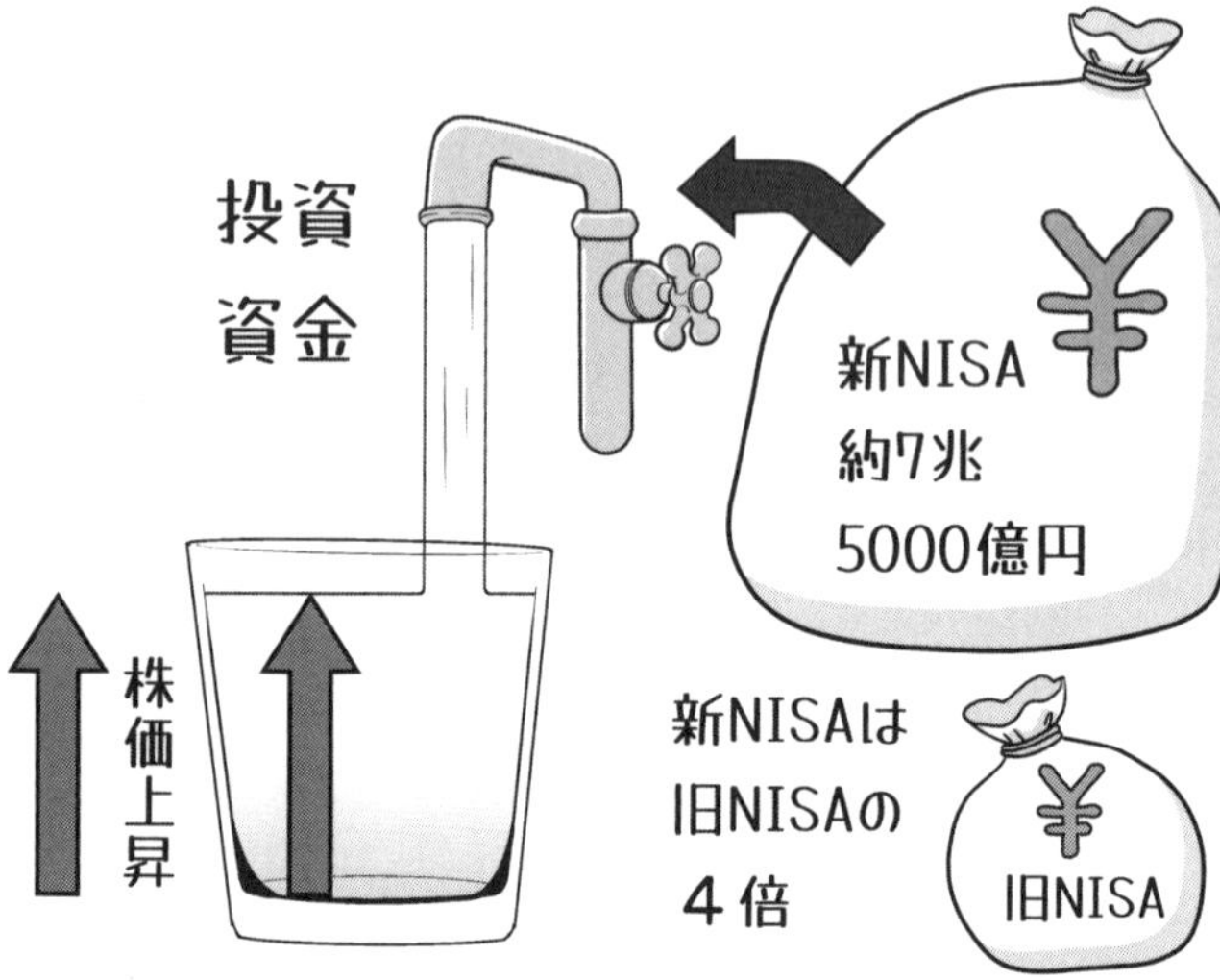

プに水を入れると水かさが増えるのと同じように、株式市場に投資資金が流入すると、株価も上昇することがある。その結果として、市場全体で株価の水準は上昇し、相場上昇のモメンタム（勢い）がつくこともある。

常に、こうしたシンプルな法則が当てはまるとは限らないが、2024年前半のわが国の株式市場の上昇は、新NISAの開始による投資資金の流入に支えられた部分があった。資金流入を目にした投資家は、追加の〝買い〟が入るとの期待から〝買い〟を入れたかもしれない。〝買いが買い〟を呼んで群集心理が高まり、日経平均株価が上昇したとも考えられる。

もう一つ、新NISA開始の時点で世界経済の成長期待を支える材料もあった。AIである。特に、AIの学習に欠かせない画像処理半導体

（GPU）などAIチップの生産には、わが国の半導体部材、製造装置メーカーの製造技術の重要性が高まった。米韓台欧などの半導体関連企業がわが国に直接投資を行い、先端分野の産業集積が進むとの期待も高まった。このように、個人の資金運用制度の拡充などに伴う資金流入で、局所的に群集心理は高まり、相場上昇の勢いがつくこともある。

バブル崩壊で損失を出したニュートン
——偉大な科学者でさえ熱狂したサウス・シー・バブル

カネ余りと過度な成長への期待を背景にバブルが発生すると、多くの人がバブルに巻き込まれてしまう。一般の個人投資家から大手の機関投資家（投資ファンドなど）だけでなく、歴史に名を残した賢者まで、バブルに熱狂して多額の損失を出した。

よく知られている例は、18世紀に英国で発生した〝サウス・シー・バブル〟に巻き込まれて損失を出したといわれるアイザック・ニュートンだ。1642年にイングランドで生まれたニュートンは、万有引力の理論を提唱し、力学や天文学などモダン・サイエンスの発展に貢献した。ニュートンは王立造幣局長官として偽造貨幣の取り締まりも行い、自ら株式投資も行った。元々、ニュートンは手堅い資金運用を重視していたとみられる。

サウス・シー・バブルとは株式のバブルで、南海泡沫事件と呼ばれることもある。1711年、英国は国策会社である「南海会社」を設立した。会社設立の目的は主に2つあった。まず、当時スペイン領だった中南米地域と独占的な貿易を行うこと。2つ目に、英国の国債を引き受け、その代わりに株式を発行すること。実態としては貿易で収益を上げ、英国の国債発行を支えることが重視されていたとみられる。政府の管理下にあるという安心感、中南米との貿易を独占して巨利を得るだろうとの期待から、南海会社の株価は上昇した。

一説によると、1720年春、同社の株式が売り出されると政府系企業の高成長を夢見た投資家が殺到し、数カ月で株価は8倍も上昇したという。南海会社の株価高騰をきっかけに、よく似たビジネスモデルを謳う企業も株を売り出し、投機熱は高まった。

ミネソタ大学のアンドリュー・オドリズコ教授の研究（Odlyzko, Andrew. "Newton's financial misadventures in the South Sea Bubble." Notes and Records: the Royal Society journal of the history of science 73.1 (2019): 29-59.）によると、1712年の時点でニュートンは南海会社の株式を保有していたようだ。1720年の時点でニュートンは南海会社などの株式と英国債に資金を分散し、運用総額は3万2000ポンド（当時の推計為替レートを用いて円に換算すると6億円程度）に達していたようだ。

同年、南海会社の株価が急騰すると、ニュートンは保有していた株を売った。しかし、その後も南海会社の株は上昇し、ニュートンは国債を売って投資資金を作り、再度、南海企業株を買い求めたという。結果として、バブルの崩壊によりニュートンは損失を被った。偉大な科学者であっても、群集心理やコントロール・イリュージョン、富への欲求を抑えることは難しかったようだ。

塩漬け株を保有する言い訳上手な心
――自己否定から逃避して失敗を正当化する気質効果

資産の価格がいつまでも上昇し続けることは考えづらい。どこかで、バブルは崩壊する。わが国の資産バブルや米国のITバブルなどを振り返ると、3~4年の期間で、資産の価格水準が3~4倍に上昇していると、バブルはピークを迎えている可能性は高い。また、10年、20年の長期間で株価の移動平均線を実勢価格が上回り、なおかつ乖離幅《かいりはば》が拡大している場合も、バブル発生の可能性はある。

1985年のはじめ、日経平均株価はおよそ1万2000円だった。1989年末、

3万8915円87銭まで上昇し、1990年に入ると株価は下落した。日経平均株価は2008年9月のリーマンショックの発生をはさみ、2009年3月10日にバブル崩壊後の最安値である7054円まで下落した。その後、日経平均株価が史上最高値を更新したのは2024年だった。

株式などの資産価格は、上昇したペースを上回る勢いで下落する。しかも、下げ相場や市況の停滞が長引くことも多い。相場の格言にも〝天井三日、底百日〟(底三年)とある。背景にあるのは、損切りできず、塩漬け株を抱えてしまう投資家の増加だろう。多くの投資家は相場が上昇する局面で群集心理(ハーディング現象)、コントロール・イリュージョンに影響され、高値で株を買う。

投資家の多くは、失敗しないためにあれこれと調査を重ねる。人によっては、投資情報の専門雑誌を購入したり、トレーディングのソフトウェアも購入したりする。準備するにつれ「失敗するわけがない」と自信を持ち、相場を張ることにコミットメントが高まるわけだ。コミットメントとは、腹をくくる、覚悟するといった意味を持つ。

投資家にとって損失の発生は自己否定となる。実際にバブルがはじけて損失に直面すると、投資家は「自分が失敗するわけがない、これは一時的な損失だ」「たまたま地合いが悪いだけだ。いずれ相場は上昇に転じる」など、合理的・客観的な理屈に基づいたものではなく、自分に都

損失を正当化しようとして言い訳をする気質効果

自分自身を正当化し、損失改善の期待も高まることで株を保有し続けてしまう

合のいい言い訳をする。後悔や判断ミスのストレスを和らげるために、適当な理由を付けて自分自身を正当化しようとする。これを、行動経済学で〝気質効果〟（処置効果という言い方もある）などと呼ぶ。

　また、第1章のプロスペクト理論で紹介した価値関数のグラフが示すように、損失が発生してから特定のリファレンスポイント（参照点、例えば簿価）まで価格が戻ることの喜びは、損失発生の悲しみを上回る。これにより、損失の改善を期待する心理も高まることで、価格が下落してもそのまま株を保有し続け、塩漬け株になってしまうことが多いのだ。

リスクテイク後に損切りする難しさ

――わかっていても決断できない不合理な心理

プロスペクト理論によると、私たちは利益が出ている局面でリスクを回避し、すぐに利益を確定してしまうようだ。リスクを回避して持っていた株を売却して一安心していると、予想と反して相場が上昇し続けることも多い。自分は株を売ったのに知人は売らず、機関投資家は買い続けている。ニュースに出ている評論家も「株はまだまだ買いです」と話している。こうした情報を目にすると、再度〝買い〟の欲望が高まる。投資家は儲けを出さなければならないという気持ちが高まり、相応のコミットメントをもってリスクテイクするだろう。

しかし、常に予想通りに金融市場が変化すると限らない。そこにはリスクがある。「リスク」とは危険性ではなく、不確実性の概念だ。上がると思って買った株が下落する、下がると思って売った株が上昇した、これが本当の「リスク」なのである。

第1章でも説明した通り、1000円で買った株が900円になると、1100円になったときよりも心理的なインパクトは大きく、900円の株価が簿価の1000円に戻ることの満足感は高まる。儲かるはずだと思って買った株が下がっているという認知的不協和（ストレス、

損失が出ているときの不合理な心理

合理的な判断を心掛けても損失が出ている局面ではリスク愛好的になる

いらいら）も解消できる。そうした心の働きから、損失が出ていたとしても、損切りは難しくなると考えられる。

バブルが崩壊したり、相場が大きく調整したりする場合、その国の経済環境も悪化している可能性は高い。冷静に考えると、損失が拡大する可能性の高い資産を保有し続けることは合理的ではないだろう。抵抗があったとしても損切りを決断した方が良い場合もある。それによって気持ちが落ち着き、認知的不協和は低下するかもしれない。気を休めることは、資金運用の効率性を高め、合理的な判断を心掛けるようにするために必要なことだ。

それが頭でわかっていても、損失を取り戻したい、挽回しなければメンツが立たないという心理が先行することは多い。さらに損失が出ている局面ではリスク愛好的になることから、損切りは口で言うほど容易なことではないのだ。

株価急落での認知的不協和との付き合い方
――リターンではなく、リスクをコントロールして対応

株式などのリスク資産に投資をして、当初の予想通りに利得を手に入れられると限らない。上がると思って株を買ったが、予想外に下がった。その反対に、下がると思って売ったら株価が急上昇した。こうした経験をお持ちの方は多いだろう。

買い持ちしていた株が下落すると、「失敗した」「あれだけ調べたのに失敗するのはおかしい」など、認知的な不協和が心の中に広まる。上昇局面では「自分は有能」だとコントロール・イリュージョンに浸っていたが、その心理は一変してロスト・オブ・コントロール（コントロールの欠如）の心境に陥る。

2024年8月上旬、米国の景気先行きの不安などから世界的に株価が急落した。7月末に日銀が予想外の利上げを実施したこともあり、8月5日に日経平均は前週末からおよそ4400円、過去最大の下げ幅を記録した。新NISAの開始をきっかけに内外の株式を積極

的に購入した個人投資家の中には、何でこんなことになるんだという喪失感やストレス、茫然自失の心境に陥った人も多かっただろう。ＳＮＳを通してストレスを吐露する人たちがつながり、認知的不協和やコントロールの欠如といった心理は人口に膾炙《かいしゃ》した。打開策を求める個人の投資家が、証券会社のコールセンターなどに殺到した。

こうした反応は個人投資家に限ったことではない。大手の資金運用会社など機関投資家の内部でも、想定外の展開に直面して認知的不協和などが発生することはよくある。特に、機関投資家は基本的には四半期（３カ月ごと）に運用の成績を開示し、顧客に説明しなければならない。説明責任を伴う分、コミットメントは大きくなり、認知的不協和などのストレスも強くなる傾向にあると考えられる。損失に直面すると、事後の改善を願って、神社でお祓いを受けるファンドマネージャーもいる。

認知的不協和が高まると、やけを起こすこともある。一発逆転を狙って、下げ相場で残りの資金を特定の銘柄に１回で集中投資する人などだ。そうなると、冷静に相場環境を判断し、リスクをコントロールすることはできないだろう。

重要なことは、①投資の時間軸を明確にする（個人投資家であれば長期投資に徹する）。②株は上がっているときに買うものではなく、下げの局面で買う。③銘柄、タイミング、１回の投入金額を分散する。こうしたルールを守ることで、想定外の展開によってもたらされるスト

認知的不協和が高まったときの対応策

不合理な意思決定を見直し、自分なりの投資ルールを決めることが大切

レスを和らげることはできるだろう。

忘れてはならないのは、リターンはコントロールできない。リスクをどうとるか、どれだけとるかは自分自身の意思決定に基づく。自分なりのルールを決め、富への欲求とうまく付き合って無理のない投資を心掛けることが、認知的不協和などに対応するために大切だ。

認知的不協和にさいなまれて自棄を起こす、あるいは、気質効果に流される。いずれのケースも、失敗の原因を冷静に理解することは難しいだろう。次に投資を行ったとき、同じミスを犯す確率は高まると予想される。失敗は成功の元といわれるが、それが頭でわかっていても実践することは難しい。そうであるからこそ、行動経済学の理論を学ぶことで、不合理な自らの意思決定を見直し、より客観的な投資のルール

を定めることが大切になってくる。

資産価値を守るバブル発生の見分け方
――相場の過熱具合を分析して〝売り〟を検討

株を買う前や買った後、相場の過熱具合をどう把握するのか、気になることは多い。株式に限らず資金の運用で最も重要なことは、いかに「安く買う」かに尽きる。個人投資家であれば、四半期ごとの説明責任もないので、バブル崩壊後など、相場が下落したときに安く買えたら、後は〝ほったらかし〟でもいいかもしれない。

ただ、人によっては、相場のダイナミズムを実感したいという人もいる。重要なのは、いかにして相場の過熱具合、その先にある大なり小なりのバブルを見分ける方法だ。ここでは、大規模なバブル、小規模なバブル（バブルと思しき相場上昇、相場の過熱も含む）を見分ける一案を示したい。

3～4年の間で、資産の価格が3～4倍になったとき、大規模なバブルは絶頂期を迎えているかもしれない。将来は不確実だが、自分が投資している資産の価格がそうした水準に達した

相場の過熱具合とバブルを見分ける方法

3～4年の間で資産の価格が3～4倍になったときに売ることを検討する

場合、売ることを検討してもいいかもしれない。

過去40年ほどの世界経済を振り返ると、1980年代半ばから末までのわが国の資産バブル（株と不動産の価格高騰）、1990年代半ばから2000年9月の米ITバブル（IT新興企業の株の高騰）、2002年から2005年半ば頃までの米住宅バブル（住宅価格高騰）、2007年から2008年9月のリーマンショックまでのコモディティーバブル（原油などの価格急騰）がある。リーマンショック後は中国本土で、不動産バブル（主にマンション価格高騰）が発生した。2020年8月の〝3つのレッドライン〟と呼ばれる不動産デベロッパー融資規制の実施で、中国の不動産バブルは崩壊したと考えられる。

3～4年の期間にピッタリと当てはまらない

ケースもある。それよりも短期間で、買った株や不動産などが3～4倍に上昇し、利益を確定してもいいと思うのであれば売りを検討する価値はあるだろう。もちろん、10年、20年など長期保有を念頭に置いているのであれば持ち続けても良い。判断は個人の投資方針、ライフスタイルによる。

相場の過熱具合を把握するためには、そのときの市場価格と、その資産価格の移動平均を比べると良い。移動平均で表した価格の水準は、その期間の株式購入者の平均簿価と解釈できる。例えば、現在のインデックスの価格（価値、指数の値）が、過去10年間の株式インデックスの移動平均の水準を下回っているとしよう。この場合、市場全体として株価の水準は割安である可能性がある。

反対に、実勢の価格が移動平均を上回っている場合、相場は熱を帯び始めていると考えられる。価格の上昇の勢い（モメンタム）がついて、ワニが口を開けたように移動平均と実勢価格が乖離している場合、相場はかなり過熱している恐れがある。もし、高値掴みをしてしまったと感じているのであれば、こうした相場の把握方法を試してみると、資産の価値が守りやすくなるかもしれない。

人生が変わるバブルとの付き合い方

――大きな損失か？　資産を増やすか？　天国と地獄の分岐点

プロのファンドマネージャーも、相場の急変から身を守るために、バブル発生や相場の過熱具合の判別方法を知っているはずだ。それでも、相場が上昇すると、どうしても富への欲求を抑えることは難しい。買った資産の価格が上昇すると、コントロール・イリュージョンの心理が沸き立つ。買うから上がる、上がるから買うという群集心理の影響もあり、どんどんリスクをとって勝負する。結果的に、相場の調整、バブル崩壊で大きな損失を出すプロのファンドマネージャーも多いのだ。

あらゆる経済現象は、バブルに行き着くといっても過言ではない。ビットコインのように、価値を一定に保つ仕組みがない（状況によっては価値がゼロになるかもしれない）モノであっても、人気が高まり投機の対象になった。

投機熱が高まると、人々は資金を借り入れてレバレッジをかける。そうすることで、自分が持っている資産以上のお金を運用しようとする。レバレッジをかけることで、資金運用からの利得を極大化しようとするわけだ。

1980年代後半にかけてわが国で資産バブルが膨張していたときも、こうした投資行動をとる人は多かった。1990年のはじめにわが国で株式のバブルは崩壊した。1991年半ば、地価も下落に転じた。それ以降、資産価格は急速に低下した。

一般的に〝バブルがはじける〟と債務返済を上回るスピードで資産価格は下落し、結果として不良債権は増える。不良債権とは、返済が難しくなった借金だ。借金を返せなくなった人の中には、自己破産を余儀なくされた人もいた。自己破産までいかなくても、バブルの崩壊によって資金の大半を失い、生活水準を落とさざるを得なかった人も多い。財テクに失敗し、経営破綻した企業もあった。

リスクをどうとるか、バブルとどう付き合うか。考え方は十人十色である。バブルが膨張する局面でコントロール・イリュージョンに影響され、群集心理に巻き込まれると結果的に高値掴みをすることになる可能性は高い。その結果、バブル崩壊で痛手をこうむり、人生の計画は当初の思い描いた未来とかなり異なることもある。反対に、資産を安く買い、3倍になったら半分売っておこう、というようにルールを決めておくと、株式投資で人生を豊かにすることもできる。人間の欲望や矛盾を理解し、バブルと上手に付き合うことで人生は大きく変わるのだ。

〝オマハの賢人〟に学ぶ資金運用の鉄則

――気質効果や群集心理に影響されないシンプルな価値観

バブルとどう付き合い、人生を豊かにするか。このテーマを考える際、投資の賢人の価値観を学ぶと良い。紹介したいのは、世界的な投資家であるウォーレン・バフェット氏の考え方だ。バフェット氏は、米投資会社バークシャー・ハザウェイを率い、〝オマハの賢人〟と呼ばれている。バフェット氏の投資理念の一つは、「わからないものには投資しない」である。同氏はこの価値観を徹底している。1990年代の半ば以降、米国ではIT革命による経済成長期待の高まりを背景に、ヤフーなどのIT関連銘柄の株価が急騰してITバブルが起きた。

その中には、収益獲得の実体が伴っていない企業（砂上《さじょう》の楼閣《ろうかく》などと呼ばれることもある）も多く上場した。コロナ禍後の株価急騰の局面でも見られたように、市場参加者の強気な心理が高まってリスク愛好的なムードが高まると、成長のテーマに関連した企業を設立し、新規株式公開（IPO）を実施して一山当てようとする人は増えやすい。ITバブルも、コロナ禍発生後の〝ミーム株〟（SNSなどで注目を集め、短期間で株価が急上昇した銘柄）ブームのときも、相場の熱気に陶酔し、そのムードに影響されてリスクをとる人は増えた。

新興企業株には手を出さないバフェットの理念と価値観

気質効果や群集心理に影響されずに企業の理解を深めることに専念する

ITバブルの際、バフェット氏は大勢の投資家が熱狂して資金を投じていた新興企業株に手を出さなかったといわれている。理由は、「わからないものには手を出さない」という価値観があったからだろう。

バフェット氏は、「自分のわかること、できることに全力を注ぐ」という理念の下、企業のことがわかるまで徹底的に調べる。その結果、自分が良いと判断できる企業はそう多くはないとバフェット氏は考えている。

それはバークシャー・ハザウェイの主な保有銘柄から確認できる。同社が主に保有するのは「アップル」「バンク・オブ・アメリカ」「アメリカン・エキスプレス」「コカ・コーラ」「シェブロン」などだ。一般的な米国株に投資する投資信託と比較すると、保有銘柄数はかなり少ない。

このように、本当に良い企業を理解する（これには相当の努力、情熱、根気などが必要）ことができれば、後はいかに安く買うかに集中するだけでいい。反対に、わからない企業に投資をすると、どうしても気質効果や群集心理に影響される部分が増えるだろう。どこまで投資対象の資産や企業に関する理解を深めることができるかという点でも、資金運用は自分との闘いである。

リーマンショック後の逆転の好機
——投資の鉄則を実践して巨額の富を築いたバフェット

わが国では、株式投資はギャンブルのようなもので、手を出すと危ないと考える人が多いように思う。私の知人と話していても、両親や親戚などから「金融業界で働くなんて、安定していないから危ない」と言われた経験のある人は少なくない。

しかし、相場が下落して株価が安いときに買うことができれば、株式のリスクは思ったほど高くはない。反対に、高値掴みをしてしまうと、その後の相場の調整、急落などで思った以上の損失に直面することは多いのだ。

「株は高いときに買うものではない」という、この鉄則を肝に銘じるべきだ。ここでもバフェット氏の投資行動が参考になる。紹介したいのは、2008年9月15日にリーマンショックが発生した直後の同氏の行動だ。

リーマンショックは、100年に1度と呼ばれるほどの金融・経済危機だった。震源地の米国をはじめ、世界経済が急速に冷え込んだ。わが国でも、「需要が瞬間蒸発した」と言われるほどのショックが経済と金融市場に走った。世界全体で株価は急落した。売るから下がる、下がるから売るという負の連鎖が起きた。

リーマンショック発生直後の2008年9月23日、米投資銀行大手のゴールドマン・サックスは増資を発表した。バフェット氏はゴールドマン経営陣から支援を求められ増資に応じた。バフェット氏は50億ドル相当の優先株を購入した。配当利回りは10％程度もあった。普通株に転換できるワラント（新株予約権）も取得した。バフェット氏の出資は、ゴールドマンは信用できるというお墨付きを与えたといえる。2013年、バフェット氏は転換権を行使して普通株を手に入れ、ゴールドマンの大株主になった。2020年6月末までにバフェット氏はゴールドマンの株をすべて売却した。

増資に応じた2008年9月末時点で、ゴールドマンの普通株式の価格は130ドル程度だった。売却した2020年6月末時点では、190ドルほどに上がっていた。相場が急落したときにわかるモノを買う。リスクを抑えて資産を手に入れたら、上昇を気長に待つ。こうした投資の鉄則をバフェット氏は実践し、巨額の富を築いた。

バフェット氏は「株式の投資に悲観は友、陶酔は敵」との発言も残している。多くの投資家が売り一辺倒に動き、弱気な心理が市場に蔓延しているときは、株式を買う好機と考えられる。反対に、主要投資家がコントロール・イリュージョンに浸っているときは、売りのチャンスが到来しているといえるだろう。

東京の住宅価格高騰の理由

――世界的なインフレと海外からの資金流入で起きたバブル

もう一つ私たちのライフプランに影響することがある。住宅の購入だ。年齢や年収などにもよるが、購入者が100%満足できる住宅を手に入れることは容易ではないだろう。コロナショック後、東京の住宅価格は上昇した。2023年、東京23区の新築マンションの平均価格は、前年比39・4%上昇して1億1483万円だった。1974年以降で1億円の大台を突破した

東京の住宅価格高騰の背景にある2つの要因

世界的なインフレと海外からの投資資金流入が要因となり、群集心理が高まった

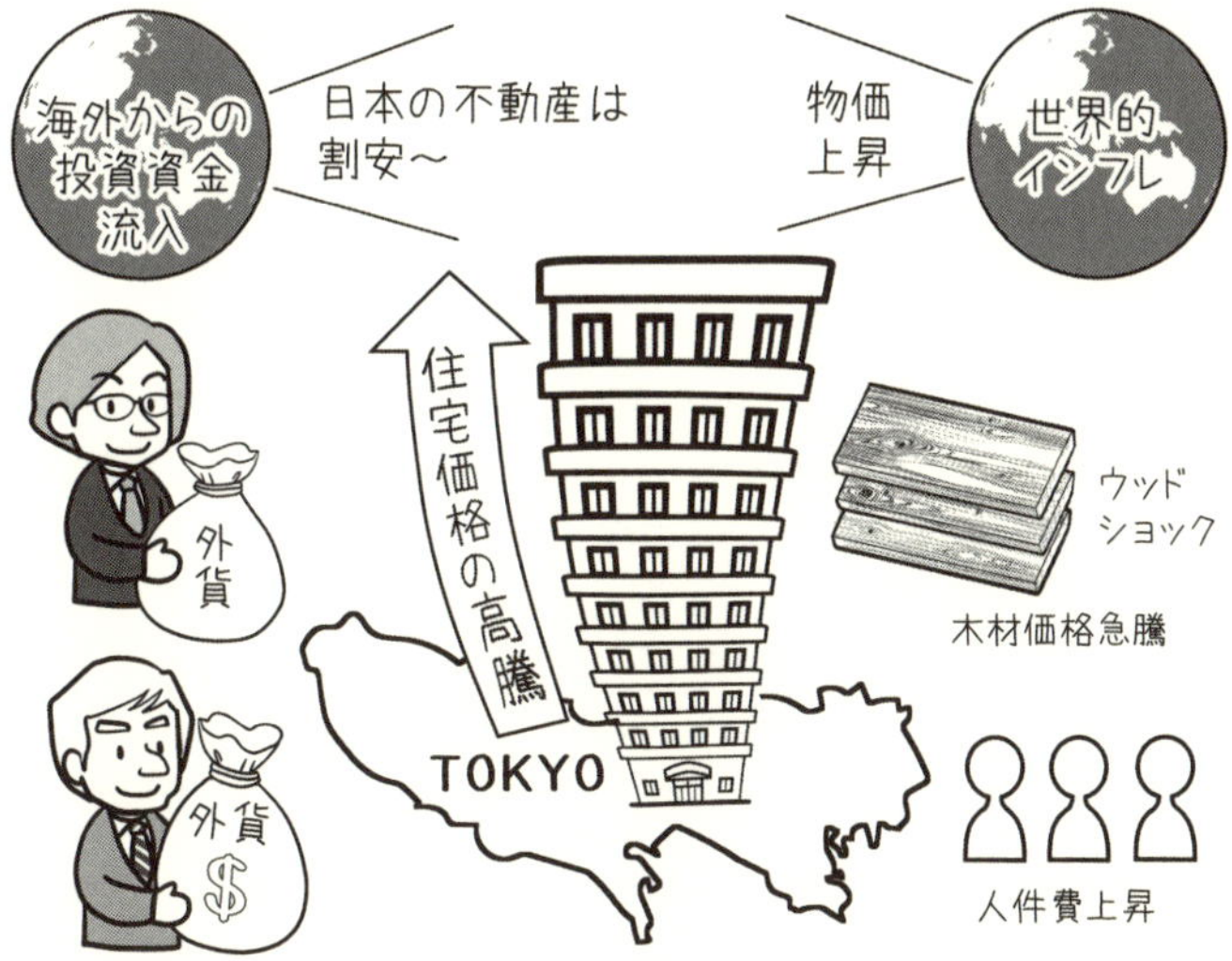

のは、はじめてだった。東京だけではなく、地方都市でも住宅価格が上昇する地域は増えた。

価格高騰の背景には、主に2つの要因が考えられる。まず、世界的なインフレの影響である。2021年の春先以降、世界的に物価は上昇した。一時は「ウッドショック」といわれたように、コロナ禍による供給網の混乱で木材価格が急騰した。住宅建築に必要な建材の価格が上昇したのである。わが国では、人手不足、政府による賃上げ要請などで人件費も上昇した。それらは住宅価格を押し上げた一因だ。

また、海外からの投資資金流入も東京の住宅価格上昇の要因と考えられる。インフレから資産を守るには、国債よりも株式、不動産を保有することが理論的に有効だ。この考えから、インフレヘッジ目的でマンションなどに投資をす

る人も増えた。特に、海外の投資家にとって、わが国の不動産の価格は割安に映ったことだろう。

1990年初頭のバブル崩壊によって、わが国の経済は長期の停滞に陥り、不動産価格も上がりづらい状況が続いた。また、2021年1月以降、外国為替市場でドルなどの主要通貨に対して円は独歩安《どっぽやす》の展開だった。ドルなど外貨を持つ投資家にとって、円安が進んだ分、東京の住宅価格は割安だった。その結果、一部の地域では、外国人投資家らの資金流入によって、マンションなどの価格が過熱したとの見方もある。そして一部投資家の〝買い〟が追随の〝買い〟を呼び、群集心理が高まったと考えられる。

このような状況下でローンを組み、居住用としてマンションなどを買うべきか否か、逡巡する人は多いだろう。重要なことは、無理をしないことだ。一般的に、月々のローンの返済額は手取り月収の4割以下に抑えた方が良いといわれている。その水準を上回ると、生活を切り詰めてローンを支払う必要性が高まる。

生活のゆとりがなくなると、心健やかに日々の生活を過ごすことは難しくなるかもしれない。勤め先の業績悪化によって、収入が減少するリスクもある。株式投資と同様、住居の取得に関しても、可能な範囲で価格を抑えることが大切だろう。「株は高いときに買うものではない」という鉄則は、「住宅は高いときに買うものではない」にも通じる。

物価が上昇しても大量購入する心理

――〝コスパ〟の高さに人が集まる業務用のスーパー

バブル発生などによる物価の上昇、資産価格の高騰などの経済環境の変化は、人々の行動に影響する。世界的な物価の上昇と円安の影響で、わが国では食料や日用品の値上がりが顕著になった。一方、2024年5月まで、26カ月連続で実質賃金は前年同月の実績を下回った。

実質賃金が下回っても、人間が持つ心の矛盾がなくなることはない。支出を抑えて節約しつつも、相応の満足感を得ようとするのだ。そのような状況下で従来の総合スーパー（消費者向けの食料品や日用品の小売店）より、飲食店など業務用の飲食料品などを取り扱う小売店（業務用のスーパー）を選好する消費者は増えた。実際に業務用のスーパーに行ってみると、大容量の冷凍食品などが、割安感のある価格で販売されている。

支出を抑えなくてはいけないのに、せっかく来たのだから、いろいろな商品をできるだけたくさん買おうという気持ちになる人は多い。1〜2週間分、あるいは1カ月分の食料を数万円でまとめ買いすると、「大容量で割安」という〝コスパ〟の高さによって、業務用のスーパーはお得だと感じる。それらの情報がネットの口コミやSNSで拡散されることにより、群集心

コスパの高さを感じて支出を抑えられずに大量購入

支出を抑えなくてはいけないのに、相応の満足感を得ようとする矛盾が生じる

理は高まって利用者が増えたと考えられる。

米国発祥で、日本でも30店舗以上出店している会員制倉庫型ショップが人気なのも同じ理由からであろう。家具や電化製品、日用品まで取り扱うこの店舗でも、大容量でパッケージされた飲食料品が並び、まとめ買いによる〝コスパ〟の高さを感じることができる。

米国でも、物価上昇により消費者の行動様式は変化したようだ。２０２１年の春先以降、米国では物価が急ピッチで上昇した。２０２２年６月、消費者物価指数（ＣＰＩ）の前年同月比変化率は９・１％に上昇した。日本と同様に、家族や友人、隣人らと一緒に食料品などをまとめ買いし、代金を割り勘して商品を〝シェア買い〟する人も増えた。世代別にみると、20〜30代が多いようだ。

中には、卸売スーパーの会員カードを友人と共同で使用しているケースもある。企業サイドとしては、カードの共同利用は制限したいところであるが、売り上げは伸びた。インフレ環境下で高まった人気を活かすために、米国の業務用スーパーの中には、年間会員料金を引き上げるケースもある。

会員料金の引き上げで粗利を確保し、来店した消費者には低価格で販売を行う。物価が高止まりする米国の経済環境下、消費者は「この店で買い物をすると支出を抑えられる」という記憶（アンカーリング効果）が刷り込まれる。インフレへの対応で一部の小売企業のビジネスモデルは、会員料金の継続的な支払い（サブスクリプション）による収益獲得に向かいつつあると考えられる。

第6章

人を動かす
悪魔的な
言葉と感情

〝まだ1週間〟と〝あと1週間〟の差

――人を動かす言葉の力で意思決定の結果が変わる

第6章では、言葉の持つ力を行動経済学の観点から考えてみたい。大学で試験が近づくと、必ずと言っていいほど学生からこのような質問を受ける。「試験まであと1週間しかないのですが、どこを、どのように勉強すれば単位を取得できるでしょうか?」というものだ。この学生は、もう試験までの時間がわずかしかないと焦り、もしかすると単位を取得できないのではないかと危機感を募らせている。

このような質問には、必ずこう言うことにしている。「少し気を落ち着かせて、まだ1週間もある、と考えてみてはどうか」と。1週間という期間を「あと1週間しかない」と受け止めるか、「まだ1週間もある」と考えるかで、意思決定にかなりの影響をおよぼす。

これは、行動経済学の理論にある〝フレーミング効果〟の良い例だ。フレーミング効果は、同じ内容のことでも、説明やプレゼンテーションの仕方次第で、意思決定の結果が変わることをいう。固定観念、思い込みの影響といっても良い。

実際、学生に「まだ1週間もあるよ」とアドバイスしたところ、個人差はあるが、その後の

意思決定の結果が変わるフレーミング効果

同じ内容のことでも言葉の選び方や説明の仕方次第で結果に差が出る

勉強の取り組み方は変化したようだった。ある学生は、「まだ1週間もある、と考えるように意識してみたところ、気持ちにゆとりができた。シラバスに記載されていた指定図書を集中して読むことができた。理論を体系立てて理解し直すことができたように思う。もう1週間しかない、と切羽詰まった心境だと、学習の効果は上がらなかったと思う」と話していた。

フレーミング効果に着目して言葉を選ぶことで、企業の人材育成の効果も高まるだろう。ある新卒の学生は1週間に1つのレポートを作成するのがやっとだった。それを「1週間にレポート1本しか作成できていない」と話すのと、「わずか1週間でレポート1本を完成させている」と評価するのとでは、若手社員のモチベーションに差が出るだろう。前者の場合、成果は不十分だというネガティブな印象が残るだろう。後者の場合、現状に一定の評価をしてもらったことを励みに、能率を高めようという前向きな気分になる。どのような言葉を使うかで人々の意思決定、さらには成長にもかなりの差が出ると考えられる。

どの言葉を最初に伝えるべきか？

――初頭効果を発揮する有効的な説明の順序

情報を伝える順序が、私たちの意思決定に影響をおよぼすことは多い。最初に伝えた内容が、聞き手の評価や選択に影響することもあれば、最後に伝えた内容が強く印象に残り、意思決定に影響することもある。前者を初頭効果、後者を親近効果と呼ぶ。ここでは初頭効果に着目した言葉の使い方、説明の方法を取り上げる。

あなたは企業のプロジェクトリーダーとして100億円の初期投資を行い、2年後に5億円の営業利益（プロジェクトの営業損益）を獲得するよう、会社から指示されたとしよう。2年が経過し、プロジェクトの営業利益は当初の計画を下回る3億円だった。この結果を経営会議で執行役員や部長に報告しなければならない。どのようにプレゼンテーションをするべきなのか、あなたは思案する。

このとき、最初に「計画は未達でした」と伝えると、聞き手の心にはネガティブな印象が残るだろう。「未達とはどういうことだ。一体、プロジェクトの運営、管理をどう行っていたのか詳細に報告せよ」と厳しい指摘や追加の課題を課されるかもしれない。計画は達成するのが当たり前という考えの上司がいると、未達案件は即時中止、担当者の評価は引き下げということになる。

それよりも、最初に「営業損益は黒字を確保しました」と伝える。次に「黒字額は3億円です。予定していた5億円には届きませんでしたが、プロジェクトは計画に沿って進めていました。未達になった理由は、想定外のパンデミック発生による資材の調達コストがかさんだことが主因です」と伝える。まずはポジティブな内容、次に、客観的に計画が未達だった原因を伝える。そうすると、聞き手は冷静に事実を受け止めることができるだろう。未達の事業は中断すべき、といった短絡的な判断を下すリスクは低下する。

企業の中期経営計画などが、常に想定された通りの成果を上げるとは限らない。企業の一番の目的は長期存続である。環境変化に対応しつつ、状況によっては当初の戦略を修正する必要もある。そのために、事実を冷静、正確、客観的に整理した上で、人々が持続可能な考えを持てるように、説明の順序を考えることは重要だ。方策の一つとして、初頭効果に着目する意義は大きいだろう。

頭の中に残る〝一夜漬け〟の記憶
――親近効果を最大限に使って言葉の効果をさらに高める

親近効果に着目することで、他者とのコミュニケーションを円滑に進めたり、プレゼンテーションの効果を高めたりすることもできるだろう。前述したように、親近効果は初頭効果とは逆に、後から出てきた情報や最新情報が鮮明に記憶に残り、意思決定に影響することをいう。親近効果を、クライマックス効果と呼ぶこともある。

例えば、学校の試験に備えて〝一夜漬け〟をしたことのある人は多いだろう。数カ月前の授業で習ったことはあまり覚えていないが、一夜漬けで記憶した情報は頭の中に残っている。その箇所がテストに出題され、正解できた人もいるだろう。一夜漬けは、比較的に新しい情報が行動に影響を与える親近効果の例といえる。

今、テレビのニュースで飛行機事故が発生したことを知った場合、事故の情報を目にしたばかりの人は、飛行機事故の発生確率をどうしても高く見積もってしまう。飛行機事故のニュー

親近効果により一夜漬けで記憶した情報が鮮明に残る

後から出てきた情報や最新情報が鮮明に記憶に残り、意思決定に影響する

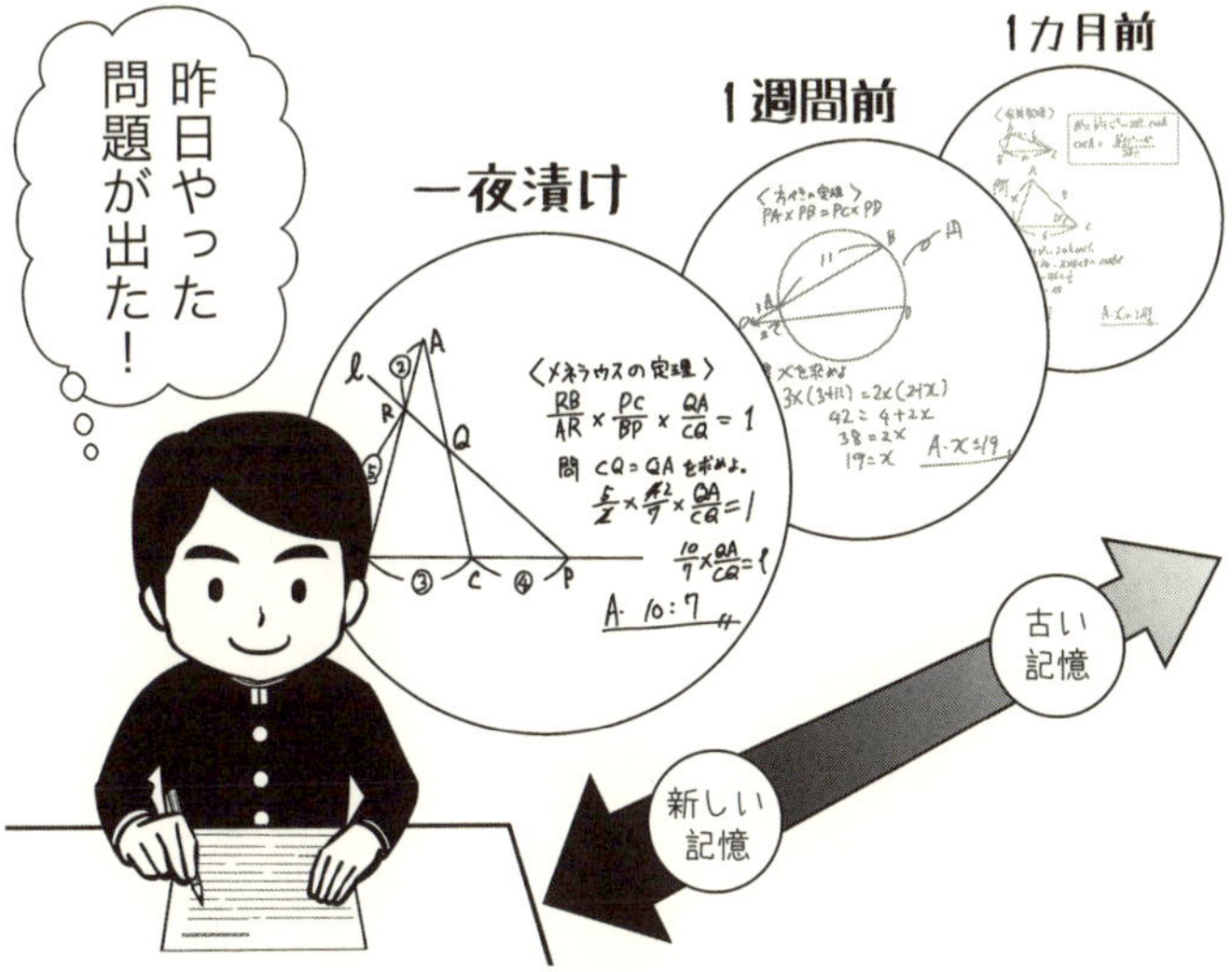

スを目にしたことで、明日自分が飛行機に乗ることをためらってしまうのだ。これも親近効果の影響だ。また、金融市場、特に株式の市場では、先に出た情報と後に出た（最新の）情報やデータでは、後者の方が重要であることが多い。

新近効果に着目すると、商談やセールス、プレゼンテーションなどの場で、相手に納得してもらうように自分の考えを伝えることができるだろう。勤め先の企業で新規事業を検討するプレゼンテーションのケースを考えてみよう。新規事業が収益を生むか否か、どのようなリスクがあるかを冷静に分析し、上司などに説明することが必要であることは言うまでもない。問題は、どのような順序で説明するかである。このとき、初頭効果も加えると、さらに効果は高まる。

まず、プレゼンテーションの冒頭で、新規事業の優位性、予想される収益などを説明する。初頭効果として、新しい取り組みを進めるメリットを伝えるのだ。次に、付随するリスクを説明する。最後に、競合他社の状況や市場の動向を踏まえた上で新規事業を実行する意義を伝える。その結果として、この事業を進めることによって、自社の業績拡大に貢献できるだろうという期待を聞き手に与えることができるかもしれない。

消費者の関心を引く最終的な印象
――クライマックス効果を活用したマーケティングの巧みな手法

マーケティング戦略において、親近効果のことをクライマックス効果と呼ぶ。顧客の関心を引き、感情をコントロールする方策の一つとして、数々の場で活用されている。

クライマックス効果を活用したマーケティングの一例に、ランキング表示がある。今週の売れ筋トップ10の商品を発表する際、下位の商品から順位を掲載していくのだ。1位（最も売れた商品であり、企業が一番販売を伸ばしたいもの）を最後に表示することによって、それを見た消費者の最新の記憶に1位の商品が残り、購買意欲を刺激する。

口コミやレビューを表示する際も、企業はクライマックス効果に着目し、商品やサービスに対する消費者の関心を引き付け、表示方法を工夫することで評価を高めようとすることがある。よくあるのは、ネガティブな内容とポジティブな内容の対比感を出しながら、ユーザーの評価を紹介するケースだ。

ユーザーの評価を表示する際、はじめは評価の高くない内容を並べる。そして段階的に、好意的な評価や高い満足感を得たユーザーのコメントを表示していく。こうすることによって、最終的には「この商品は評価が高い」と消費者が記憶する可能性が高まると考えられる。

CMを作る際にも、クライマックス効果に着目することは有効だ。モノやサービスに対する消費者の関心を引くために、ストーリー仕立てのCMを見かけるようになった。短い時間内で商品の魅力を伝えるために、クライマックスで視聴者が思わず笑ってしまったり、感動したりするように工夫を凝らす。CMの続編を作り、消費者の記憶に新たな商品の記憶を植え付けようとする。こうした取り組みも、クライマックス効果に着目したマーケティングの手法といえるだろう。

ポイントを貯めたい心の働きと保有効果

――値引きの方がお得でも〝ポイント〟の誘惑に負ける心理

飲食店や家電量販店、総合スーパーなどの店舗やお店のHPなどで、「ポイント10％還元」など、ポイントサービスを大々的に掲示していることがある。10％還元だから、お得だと思っていつも以上に買い物をしてしまい、その結果としてポイントをもっと増やしたい（大切にしたい、高い価値がある）という気持ちも出てくる。私たちにとって、〝ポイント〟の誘惑は耐え難いものといえる。

なぜ、私たちはポイントを貯めようとするのだろうか。その一つは行動経済学の理論にある〝保有効果〟で、自分の保有しているものに愛着を感じ、高い価値を感じる心の働きのことをいう。部屋の中にゴルフコンペでもらったトロフィー、使わなくなったゴルフクラブやウェア、書籍や文房具などが山積みになっている状況をイメージしてみよう。断捨離をする人が増えているように、モノが散乱していると部屋を片付けないといけない気持ちになる。いざ、掃除をして物を捨てようとすると、ゴルフコンペで優勝したときの記憶など、いろいろな感情が心に去来して、捨てることが難しくなることはある。これが保有効果の一例といえる。

ポイントによる言葉の誘惑に負ける心理

保有効果によって貯まったポイントに愛着を感じ、もっと増やしたいと思う

ポイントを貯める人は、結果として貯まったポイントに愛着を感じ、それを増やしたいと思う。ポイントには有効期限があることもあり、期限が近づいたポイントは使い、一定の水準以下に減らないように再び貯め始める。ポイントの獲得数によって、特典が付くこともある。状況によっては、本当にモノが必要だから買い物をしているというよりも、〝ポイント倍増〟などの言葉につられ、消費が促されているように感じることもある。

　こうした消費行動は、本当に合理的なのか、確認してみよう。1万円の買い物をしてポイント10％還元のケースと、希望小売価格から10％割引の場合を比較する。前者では、1万円を支払って1000円分のポイントを手に入れた。これは1万1000円の商品を1万円で購入で

きるということであり、ポイントによる実質的な割引率は1000円÷1万1000円＝9・09%だ。

後者の10%値引きの場合は、1万円の商品から1000円を値引きすることなので、9000円で1万円の商品が手に入ることだ。割引率で見ると後者は10%なので、冷静に考えるとポイント10%還元よりも値引きの方がお得である。それがわかっていても、保有効果などの影響で、ついついポイントの誘惑に負けてしまうことは多い。「ポイント○○%還元」「今日限りポイント○倍」など、ポイントによる言葉の誘惑は私たちの感情を容赦なく揺さぶる。

なぜ流行る？ クラウド・ファンディング

――応援したい〝ウォーム・ハート〟の働きで広がる支援の輪

起業を目指している若者に「応援してください」と言われたとき、あなたなら、どう思うだろう。未来ある若者の挑戦を支援したい気持ちになるかもしれない。応援してもらいたい側、それを支援したい側、それらがデジタル技術の進歩によって橋渡しされ、新しい資金調達手段の〝クラウド・ファンディング〟が生まれた。クラウドは雲ではなく、群集を意味している。

クラウド・ファンディングは企業や個人がインターネットなどを通じて不特定多数の投資家から小口の資金を集める手法で、投資だけでなく、慈善事業に資金を充《あ》てる〝寄付型〟、サービス・商品提供などを入手する〝購入型〟もある。

クラウド・ファンディングを通して資金を調達したい人は、SNSなどのオンライン空間で「応援してほしい」という思いを発信する。その考えやプロジェクトに共感する人は、出資や寄付を行う。資金の需要と供給のマッチングは、オンライン空間のプラットフォームを通して成立する。こうすることで、若手の芸術家、企業家、地方自治体などは目的の実現に必要な資金を、不特定多数の人や企業などから集めやすくなった。

伝統的な経済学では、利己的に考える個人や企業家の意思決定の結果として、最適な資源（ヒト、モノ、カネ）の再配分が実現し、経済は成長すると考えた。市場環境は、完全競争（すべてのことを知っている無数の市場参加者が合理的な意思決定を行って競争をしている状況）であると前提条件を置いている。

しかし、常にそうとは限らない。誰かのために役に立ちたいと思うことはある。イギリスの経済学者だったアルフレッド・マーシャルは、「経済学者は冷静な頭脳と温かい心（クール・ヘッドとウォーム・ハート）で社会の問題を解決すべき」と説いた。社会の問題を解決するためには、新しい技術や考えを実行に移す人が大切なのだ。クラウド・ファンディングは、応援したいというウォーム・ハートの働きによって、社会問題の解決に寄与する可能性を持っている。

その中には、人口減少を食い止めるプロジェクトの実現を目指し、クラウド・ファンディングのプラットフォームを活用して資金提供を募る地方自治体もある。デジタル技術の進歩と実用で〝応援〟の輪が無限に広がるのだ。それは、社会と経済全体で厚生の向上に資するだろう。

禁止や制限の言葉が逆効果を招く
――悪用禁止！　命令に反発して破りたくなるカリギュラ効果

「○○をやってはいけない」と言われ、反感を覚えたことはないだろうか。「早く勉強しなさい」と命令されると、したくなくなる。「見るな」と言われると、見たくなる。他人から命令されたり、禁止されたりすると、それを破りたくなる。浦島太郎だって、開けてはいけない玉手箱を開けてしまったのだ。

私たちは本来、自分のことは自分で決めて、思うがまま自由に行動したいという衝動や欲求を持っていると考えられる。命令されると、それを破りたくなる（破ってしまう）心の働きを〝カリギュラ効果〟と呼ぶ。カリギュラ効果の由来は、かつて過激な内容のために公開禁止になっ

他人からの命令に反発して破りたくなる心の働き

カリギュラ効果に着目し、消費者の衝動や欲求を掻き立てることもできる

た伊・米国の合作映画『カリギュラ』（1980年）に由来する。一部の地域で公開が禁じられたことで、かえって話題になったそうだ。

カリギュラ効果に着目してマーケティングを行うことは多い。最近ではネットゲームの宣伝などで、カリギュラ効果に着目したものが多いように思う。ネットゲームの収入の多くは、ゲーム内でキャラクターが使う道具の購入やスポンサー企業からの広告収入だ。ゲームの参加者が多いほど、課金、宣伝広告などの収入は増える。

あるゲームメーカーが、新作ゲームを発表したとする。そのネットゲームの広告に、「心の弱い人は禁止！　絶対にダウンロードしてはいけません」と書くと、ユーザーはどうしてもそのゲームをやってみたいという衝動に駆られる。こうして、大勢の人がゲームに参加するこ

とで盛り上がり、広告や課金などの収入も増加するだろう。

禁止までいかなくとも、〝本日限定〟など、人々の選択肢などを制限することも消費者の欲求を掻き立てる。特売日などに〝本日限り〟と目立つようにすると、それを見た消費者は、「明日は値段が上がるから、今のうちに買わないと」と思う。損失を回避したい心理が高まることで、商品を買い求めるという意思決定がなされていると解釈できる。その状況や使い方にもよるが、禁止や制限で感情を揺さぶる悪魔的な言葉は、人々の意思決定にかなりの影響を与える。

北風政策と太陽政策に学ぶ言葉の使い方

――強制ではない自由な選択で成果を上げるナッジの発想

第3章でも紹介したナッジは、英語で相手をひじで軽く突き、それとなく注意を促すことを意味する。行動経済学でナッジは、強制することも放任でもなく、選択の自由を残しながら高い満足感が得られるよう、選択肢を組み替えるなど工夫することをいう。この考え方は、言葉の選び方や使い方にも当てはまる。国家レベルから個人の日常生活まで、応用できる範囲も広い。

現在の主要国の経済政策などの動向を見ていると、指導者の考えを国民に強要し、言論などの自由を制限したり、住民に監視を奨励したりする国がある。イソップ童話の『北風と太陽』に出てくる北風を思い出させる政策だ（北風政策）。

こうした国では、所得水準の高い富裕層からマス層まで、海外に移り住んで自由を手に入れようとする人が増えてきた。自国を脱出し、海外に拠点を移す企業も増えている。海外に出ていく個人や企業が増えると、他国からは政府が国民に倹約や、政府の考えに従順に従うよう強要しているように見える。仮に北風政策が長期化して国民の海外流出が続くと、国力が低下する恐れも出てくるのではなかろうか。

国によって差はあるものの、反対に主要先進国では自由民主主義をベースに社会と経済を運営してきた。リーマンショック後、「私たちはできる」と国のトップが国民に呼びかけて景気の回復を目指した国もあった。こうした政策運営のスタンスは、暖かい日光を旅人に当てて、自発的にコートを脱がせた太陽のイメージに近い（太陽政策）。

また、環境や納税の分野で、ナッジの知見を用いて政策を実行した国もある。家庭の断熱設備の導入を増やすため、掃除のサービスとセットにして省エネのアドバイスを行った。税金の滞納者に対しては、期限内に納めた納税者の割合や未納が続いた場合のリスクなど、催促状に短いメッセージを追記することで納税意識の向上を目指した国もあった。政府が常に合理的な意思決定を下せるとは限らないが、強制ではなく人々の自由な選択を尊重した呼びかけを行うことは、経済全体の効率性、持続性の向上につながる可能性を持っている。

日々の暮らしや業務でも、周囲に対して強制・強要するより、他者を敬いつつ自律的な選択を促した方が、成果は上がる可能性を秘めている。正しいことであったとしても、命令、強制されると私たちは反発しがちだ。その結果、思ったように成果が出ないこともある。子供や部下の成長を促したい、確実に課題や業務をこなしてほしいと思うときこそ、ナッジの発想に着目した言葉使いを心掛けてみてはどうだろう。

ナッジを利用した健康増進の仕掛け
――医師の指導よりも自主的な意識と行動が生活習慣を変える

第3章のランニングブームでも触れた通り、ナッジは私たちの健康増進にも有効的である。いつも健康でいたいと思う人が多い一方、所得水準の向上などによって、動物性脂肪や糖質を取りすぎる人は増加傾向だ。わが国でも、がん（悪性新生物）、心疾患（急性心筋梗塞）、脳血管疾患の三大疾病にかかる人は増えている。

健康への意識が高まり、カロリー摂取を抑えるサプリメントや飲料などの需要は増えた。2024年、わが国などで肥満症治療薬の発売も開始された。好きなものを思う存分食べて満足感を得たいという欲求と、いつまでもスリムな体型を維持して健康でいたいという感情は、人間の相反する二面性ともいえる。

本来であれば、高カロリーな甘いものや肉類を食べた分、運動をしてカロリーを消費できればいいのだが、そう簡単にできることではない。毎年の健康診断で、肝臓機能に関する数値が基準を超え、再検査を受けるように指示される人もいる。肥満気味の結果が出たことで、「運動をして体重を減らしましょう」と医師から指導を受けることもある。

指導されると、受け身になり、命令されているようで気が乗らないと思う人もいるだろう。最寄り駅の1つ手前の駅で降りて歩くだけでもカロリーの消費量は増えるのだが、医師に言われてやるのと、自分でやろうと思って実践するのでは、持続性が異なることもある。自分でやりたいと思う、面白いと思って熱中する、そうした状況が整わないと生活習慣（生き方）を変えるのは難しい。

スウェーデンでは、省エネと健康の増進を目指して、駅の階段にある仕掛けを施した。階段の一つ一つをピアノの鍵盤に見立て、音が出るようにしたのだ。隣にはエスカレーターもあるのだが、階段を使うと音が出ることに気づいた人はエスカレーターを使う頻度が減ったという。

階段を使うようになった人は、誰からも命令されていない。階段を使う選択を行ったのは本人だ。音が出ることへの面白さにつられて、無意識のうちに行動様式が変化したと考えられる。

スウェーデンは、公園のごみ箱にも仕掛けを施したことがある。ごみを入れると「ヒュ〜」という落下音が出る。少し間をおいて、「ドォン」とごみの着地音が鳴る。ごみをごみ箱に捨てろと言われると反発することは多い。一方、ごみを入れると音が出る仕掛けに人々は面白さを感じ、ごみを捨てようとする。言葉の使い方だけでなく、音や画像などを用いた仕掛けも、人々の行動様式に影響する。

人の成長を助ける言葉の使い方

――ダメな部分を指導せずに相手の価値観やタイプを理解する

「最近の若者は軟弱だ。気合いが足りないから、仕事ができない」など、こうした思いや思い込みをお持ちの方はいるだろう。昭和の時代であれば、上司が頭ごなしに「まだ終わらないのか、間に合わないなら徹夜で残業しろ！」など、部下にカツを入れて奮起を促すことは多かった。しかし、令和の時代、そうはいかない。

ナッジの知見から考えると、私たちの成長度合いは、言葉の使い方次第で大きく左右する。常に個人の意思を尊重することが正しくて適切とは限らないが、問答無用に「ああしろ」「こうしろ」と命令し、「君は○○がダメなところだから、それを直さなければならない」など、ダメな部分だけを探して指導しても、その人が成長するとは限らない。

例えば、金融業界のチーム体制の下で積極的にリスクをとって資金運用を行う場合、株が上がると思うか、下がると思うか、自分の見解を周囲に伝え、納得を得ることは必要だ。しかし、自分の考えを発信することが得意な人もいれば、苦手な人もいる。その場合、ファンドマネージャーは、「自分は意見を述べるのが苦手なので」と言ってはいられない。

そうした性格の人に「はっきりしろ。自分の意見を言ってみろ」と求めると、相手は委縮するだろう。人それぞれのタイプを把握し、その人に合った言葉のかけ方をしないと、チームの運営だけでなく、当事者のモチベーションも低下するだろう。そうなると、仕事の成長を目指すのではなく、そのストレスの対応と解消で手いっぱいになることもある。

自分の見解を述べることが得意ではない人に対しては、まずは聞き役に回ってもらうことが重要だ。「聞きたいことがあったら質問してみてください」などと提案すると、ゼロから自分の見解を発信するストレス（認知的不協和）は和らぎ、能動的に業務に取り組む可能性は高まる。集中力が上がると業務の正確性も高まり、事務関連のミス発生の確率も低下するかもしれない。あるいは、異なる役割を与えることで、新たな得意分野に気づく場合もある。

管理する立場になると「部下の立場になって考えることが大切」と、研修で指導される。しかし、相手の立場になって考えるのは難しい。自分と相手は価値観もタイプも違うからだ。それよりも、できることなら相手の価値観やタイプを理解し、良いところを伸ばすような指導や言葉使いを心掛けることが重要だ。逆にいえば、相手が苦手な部分で勝負しないように、得意分野で生き生きと仕事ができる環境作りを目指すと良いだろう。

通販番組の心に刺さるキラーフレーズ

――「放送後○○分限定」に後押しされる損失回避の心理

ナッジの理論を参考にすると、人々に強制する言葉と、自律的や能動的な選択を促す言葉の違いで、選択の結果は異なる可能性がある。一方、これまでに説明してきたプロスペクト理論に着目して言葉を選ぶことも人々の意思決定に影響する。

一つは、価値関数に着目することだ。前述したように、価値関数では100円の儲けの喜びと、100円の損の悲しみは、儲けの喜びを1とした場合、損の悲しみは3～4倍大きい。損

損失回避の心理に刺さるフレーズと仕掛け

通販番組は、時間・個数制限を設けることで消費の意思決定に影響を与える

失を回避しようとするのは、私たち人間の本能といっても良いだろう。

テレビの通販番組で、知らず知らずのうちに、損失を回避しようとする心の働きから消費の意思決定を行っていることは多い。最近は、家電製品や化粧品だけではなく、クルーズ旅行や毎月全国各地のブランド牛肉が届くプランなど、取り扱う商品は多種多様だ。

夜中にテレビを見ていると、見る番組がなくて通販番組に行き着き、便利そうなものが紹介されていて少し気になった。そのとき、視聴者の潜在意識の中には、何かいいものがあったら買ってみよう、という心の準備ができている可能性がある。

通販番組は、商品の紹介をするときに「放送後30分に限り、定価から10％割引します」「○

「○○個限定です」などと損失回避の心理に刺さるフレーズを並べる。家電を紹介するときは「もしも気に入らなかった場合、購入後1週間は返品可能」など、購入の不安を和らげるフレーズもアピールする。食品・飲料では、ヘビーユーザーの感想も紹介して、商品の魅力や効果、コスパなどを強調することも多い。特に、自分と同世代のユーザーのコメントを見聞きすると、同調することで安心感も生まれ、商品購入のハードルも下がる。

こうした様々な仕掛けを施すことで、通販番組は「放送後○○分限定」といったフレーズを心に刺さりやすくしていると考えられる。時間・個数制限を設けることは、視聴者の考える時間を少なくし、〝衝動買い〟へと誘導する効果も考えられる。視聴者として思わず「欲しい」と思った商品に出くわしたとき、なぜ欲しいと思ってしまったのか（損失回避の心を突くようなフレーズに影響されていないか）、冷静に考えてみることが必要だろう。

気づかないうちに誘導される無意識の刺激

——潜在意識に作用するサブリミナル・インパクトの脅威

心理学において、私たちの意識は自分で認識できる顕在意識と、自覚していない潜在意識に分かれると考えられている。最近よく聞くようになった〝サブリミナル・インパクト〟は、潜在意識に働きかける刺激を意味する。これは、閾下知覚《いきかちかく》とも呼ばれることもある。「閾」とは、感覚として知覚できるか否かの境界をいう。なお、サブリミナルの「リミナル」は境界や閾を意味する。

サブリミナル・インパクトの研究は19世紀までさかのぼり、これまで数多くの研究が行われてきた。それらを要約すると、私たちは、他者が通常では感知し得ない方法によって、何らかのメッセージの伝達を意図することができる、ということだ。

例えば、映画のワンシーンに、製作者がそれとなく視聴者に伝えたい情報を入れたとする。視聴者が認識できないほどの短い尺で、「○○を買え」といったメッセージを入れるのだ。映画を見ている人は、そのストーリーを楽しむことに集中しているので気づくことはないだろう。しかし、その瞬間的なメッセージは、私たちの潜在意識に刺さり、後々の選択に影響を与えると考えられる。元々サブリミナル・インパクトは、心理学の分野で研究が進み、その後はマーケティングや政治分野での宣伝手法などに応用されるようになった。

潜在意識は、私たちが明確な意識を持たずに行っている認知の領域であり、自分でコントロールすることはできない。サブリミナル・インパクトは、意識レベルでは認識されず、私たちが気づかないところで暗示のように働きかける。そのため、サブリミナル・インパクトを狙ったCMなどは公正とはいえない。わが国の日本民間放送連盟の放送基準である第8章の60項には「視聴者が通常、感知し得ない方法によって、何らかのメッセージの伝達を意図する手法（いわゆるサブリミナル的表現手法）は、公正とはいえず、放送に適さない」と明記している。〝サブリミナル的〟と幅を持たせているところに、潜在意識への影響の大きさがうかがわれる。

ただ、実際の社会や経済では、サブリミナル的といわれるものも含め、人々の潜在意識に働きかけ、何らかの利得につなげようとすることは増えていると考えられる。大脳生理学の研究の進歩もあり、消費者モニターの脳波や脳血流を測定して、「おいしい」「いい匂い」「快適だ」といった欲求や、言語化が難しいものまでを満たす商品開発を進めている企業もある。その上で、消費者の好みに関するデータを用いてマーケティングを展開し、支出意欲を高めようとする取り組みは増えているのだ。

売り上げが増加した悪魔的な宣伝効果

——意思決定に影響を与えた驚くべき実験結果

ここでは、サブリミナル・インパクトの具体例を紹介する。この話は諸説あるが、おおむね以下の内容で紹介されることが多い。1957年、米国の市場調査員（マーケティングなどのために需要などの動向を分析する専門家）だったジェームズ・ヴィカリーは、ある実験を行った。ニュージャージー州にある映画館で、上映中の映画にかぶせるようにしてポップコーンとコーラの宣伝を出したのだ。

それは『ピクニック』という恋愛ドラマ映画の上映中、「おなかすいた？　ポップコーンを食べろ」「コーラを飲め」というフレーズを5秒ごとに、1／3000秒のごく短い時間でスクリーンに投影した。ヴィカリーの報告によると、6週間にわたる実験の結果、ポップコーンの売り上げは18・1％、コーラは57・7％も増加したという。

この報告は、サブリミナル・インパクトが人々の意思決定に影響を与え、特定の人にとって都合のいい状況を生み出す可能性があることを示唆した。その後、映画の上映中にポップコーンの宣伝を入れることで、売り上げが増加するか否かを確認する実験は行われた。研究者によって見解は様々であるが、いずれにせよ、サブリミナル的なものも含め、潜在意識に働きかけるような宣伝は人を欺《あざむ》こうとしているとして、規制の対象になった。

その他の実験でも、特定の飲料ブランドを知覚できるかできないかくらいの短時間で繰り返して消費者に見せた結果、その商品に対する選好は高まった。傾向として、のどの渇きを感じていた被験者で、瞬間的に表示された商品を選択する人の割合は上昇したと報告されている。また、被験者が疲労を感じている場合、サブリミナル・インパクトの影響は高まる傾向にあるとの報告もある。

どのような状況でも、常にサブリミナル・インパクトがあらゆる人の潜在意識に働きかけ、広告などを出した人（組織）が狙っている効果を得られるとは限らない。特定の条件（飲料であればのどの渇き、食べ物であれば空腹感など）が整っている場合や、サブリミナル的なメッセージにさらされる時間が長い場合（繰り返し表示される）など、一定の条件をクリアすることで、潜在意識に働きかけるメッセージの影響は大きくなると考えられる。

幸福な人生を送るためのサブリミナル効果

――ラッセルに学ぶ意識的に潜在意識に働きかける思考法

サブリミナル・インパクトに関する実験を確認すると、いくつかの共通要素が浮かび上がる。注目したいのは、気づくか気づかないかのごく短い情報を、繰り返し表示していることだ。ポイントは「繰り返す」ことなのだろう。これは「続ける」ともいえる。

私たちの生活の中で考えると、常に意識し続けることができれば、意思決定は変わるかもしれない。それまでに認識していなかった（全く記憶になかった、あるいは潜在意識の中に沈んでいて顕在意識の領域に浮上していなかった認知）ことを明確にして認識し続ける。それができれば、自分が考えている理想に近づき、幸福な人生を送る可能性が高まるのではないか。

そのヒントを提供してくれるのが、英国の哲学者であり論理学者、数学者だったバートランド・アーサー・ウィリアム・ラッセル（バートランド・ラッセルと呼ばれることが多い）の論考だ。ラッセルは社会批評家、政治活動家、反戦平和活動家など幅広い肩書きを持つ。１９５０年にはノーベル文学賞も受賞した。

ラッセルは著書『幸福論』の中で次のように記している。「無意識（ｕｎｃｏｎｓｃｉｏｕ

s／潜在意識）による意識（顕在意識）への影響は、心理学者により数多く研究されてきた。しかし、顕在意識から潜在意識への働きかけに関する研究はあまり多くない。ただ、後者は精神衛生のために重要な意味を持つ。〜（中略）〜十分な気力と集中力をもってすれば、意識的な思考を潜在意識の中に植え込むことは可能と私は信じる」と。

サブリミナル効果は、短時間で、繰り返し特定の情報にさらされることによって起きると考えられる。そうであれば、これまで関心はなかったけれど重要だと思っていることや、不安に感じている問題の解決方法などを、自ら常に意識することで、潜在意識に植え込むことができるのではないだろうか。例えば、今日は政治、明日は数学、明後日は哲学、4日後は経済学というように、定期的に確認と学習を積み重ねることで、まるでダムに水が貯まるように、どんどん関心の範囲や量が増えていく。

こうすることによって、潜在意識に宿った認知は、必要なときに顕在意識に浮上してくるようになるかもしれない。ラッセル自身も、意識的に潜在意識に働きかける思考方法を実践していたのだろう。自分がどうなりたいか、どうありたいか、常に意識し続け、必要な知識を増やす。それこそが、不安や心配に苛《さいな》まれず、幸福な人生を送るために大切だというのがラッセルの考えと解釈できる。

うまくいくと信じて失敗から学ぶ成功例

――恐怖やストレス、最悪の結果に直面しても折れない心

サブリミナル・インパクトの影響を抑えるために、バートランド・ラッセルの指摘は示唆に富む。前述した通り、自分はこうなりたいという成功のイメージを持つことは大切だろう。そのために必要な情報や理論を常に頭に入れるようにする。常に、自分は成功すると意識し続けて念じ、学習（インプット）とアウトプットを繰り返していくのだ。

企業の成長を実現したトップの発言などを確認すると、常に自分はうまくいくと念じ続けることの大切さがわかるだろう。ある企業のトップは、できる（成功する）まで、諦めずに徹底してやることを信条にしていた。失敗の背景には、自分が今まで気づかなかった要素があると考え、その原因を究明する。それは、ラッセルの指摘にあった通り、顕在意識による潜在意識（無意識の領域）への働きかけを増やし、過去の意思決定の過程を洗い出すことといえる。

次のようなケースもある。ある米国の半導体企業の経営者は、元々テレビゲームの愛好家だった。彼は、鮮明な画像でゲームをしたいという夢を実現するために、半導体関連の学位を取得し、米国の半導体大手企業に就職した。そこで半導体設計に必要なスキル、専門家との人脈を

手に入れ、彼は独立した。

独立後、マーケティングなどの失敗から倒産の危機に瀕したこともあった。彼は失敗から学び、これから需要が増加するのはどの分野なのか、幅広い視野で関心を持つ重要性を理解した。教訓を生かすために、半導体以外の専門知識も急速に学習したという。経営学やファイナンス、IT先端分野での規制の動向、人工知能開発などの最先端テクノロジーなど、発散的に彼の学習・関心分野は広まっただろう。その中から彼は、画像データとして処理する演算能力の高いチップ開発技術が、人工知能の学習のために応用できることを理解した。今日、その企業はAI関連の半導体分野で、世界トップのシェアを獲得している。

共通するのは、常にうまくいくと信じ、失敗から学ぶ姿勢だ。特に失敗に直面すると、私たちはこれまでの準備が無駄になるという恐怖やストレス（認知的不協和）に直面する。そうなると、自分に都合のいい適当な言い訳を並べてその場を取り繕うとする（気質効果）。そうした心の働きは、無意識に起きることもある。そうであるがゆえに、常に自分が目指すものを意識し、失敗から学び、諦めない心を涵養《かんよう》することは大切だ。

自分は成功すると念じ、学びを重ね、失敗から学ぶ意義を意識する。それを重ねることで、無意識の中でも何らかの要素に影響され、予想と異なる最悪の結果に直面することは減るかもしれない。

怒りと不安を煽るトランプ氏の言葉
──大衆心理が大きな波となって米国社会の分断は深刻化

ポジティブな言葉を使い、自分は成功できると信じて学び続ける。そうすることで、自らの能力を高め、周囲に対してもプラスの影響を与える可能性は高まるだろう。その中からリーダーが現れ、組織や国を1つにまとめることができれば、社会と経済の成長期待は高まる。

ただし、常にそうした考えが通用すると限らない。現在の欧州や米国の社会情勢を見ると、社会の分断を煽ることで支持者を増やそうとする政治家は増えている。その象徴的な存在なのは、米国のドナルド・トランプ氏だ。

〝米国を再び偉大に〟（Make America Great Again）を主張するトランプ氏は、2016年の大統領選に共和党から出馬して当選した。任期中、同氏は多民族国家である米国の価値観に反する発言を行ってきた。有色人種と白色人種の対立は、トランプ氏によって激化したように見える。

2021年1月、トランプ氏の支持者らは、2020年の大統領選挙に不正があったと訴え、連邦議会議事堂を襲撃した。襲撃前、トランプ氏は支持者に対して「選挙がフェイクニュースによって操作された」と主張し、議事堂に行くよう呼びかけたと報じられた。

その根底には、米国の景気回復にも拘らず、所得環境の改善を実感できないかつての中間層の存在があった。1990年代以降、世界経済はグローバル化した。米国経済の成長の原動力は、鉄鋼や自動車などの製造業から、インターネット分野のソフトウェア開発などにシフトした。鉄鋼などの分野では雇用・所得機会が減少した。一方、〝GAFAM〟（グーグル、アップル、メタ＝旧フェイスブック、アマゾン、マイクロソフト）など、IT先端企業は高成長を実現した。その結果、民主主義を支えた中間層の厚みは失われ、一部の高所得層と、大多数の低所得層に振り分けられたのだ。

所得環境などの悪化に直面した有権者は、過去の政治が自分たちの境遇を貶《おとし》めたと批判した。〝ラスト・ベルト〟（さび付いた工業地帯、米中西部から北東部の鉄鋼や石炭、自動車などの主要産業が衰退した工業地帯の呼称）の雇用を増やし、グローバル化ではなく、米国の利得を最重要視した政策を主張するトランプ氏に支持が集まったのである。

トランプ氏は、中国などに対する批判を強め、有権者の不満、その怒りに寄り添う姿勢を示した。議会襲撃、増加傾向にある銃撃事件など、米国社会の分断は深刻化している。大衆の不安を煽り、怒りを助長するような言葉が世界最大の経済大国である米国の社会心理に無視できない影響をおよぼしていることは、重大な変化だ。

プロパガンダに惑わされるな!
――悪魔的な言葉で世論を扇動して支配する政治家

大衆に迎合した主張を行う政治家によって、社会が混乱している国は多い。英国もその一つだ。2019年12月、英国は総選挙を実施した。ヨーロッパ連合(EU)からの離脱を唱えるボリス・ジョンソン首相(当時)が率いる保守党は、下院650議席の365議席を獲得して勝利した。

保守党が勝利した要素の一つは、〝EU離脱をやり遂げろ〟(Get Brexit Done)というジョンソン政権のスローガンだったといわれている。英国でも、グローバル化によって製造業の競争力が失われ、EU加盟後の移民流入によって自国民の経済的基盤が弱体化しているとの不満は高まった。ジョンソン首相は、EU離脱が英国の決定権を回復し、自分たちの手で経済と社会の推進力を取り戻す唯一の解決策であると喧伝(プロパガンダを流布)し、世論を扇動した。

その後、英国はコロナショック、英国史上最短で総辞職したエリザベス・トラス政権による財源なき減税による金融市場の混乱、EUとの貿易取引などのコスト上昇などで景気は停滞した。トラス政権を引き継いだ保守党のスナク政権は、2024年7月の総選挙で敗北し、労働党への政権交代が起きた。

労働党政権の発足後、7月29日に起きたダンス教室襲撃事件をきっかけに、暴動が起きた。襲撃事件の容疑者は英国出身の少年だったが、SNS上で移民が事件を起こしたと偽情報が拡散し、急速に社会情勢は不安定となった。ジョンソン政権のプロパガンダが引き金となり、英国社会の内向き志向を助長し、その後の経済と社会の停滞につながった可能性は高い。

20世紀の欧州では、一部の為政者《いせいしゃ》が移民の排斥《はいせき》などを訴えた結果、社会が混乱し、大規模な戦乱につながったこともあった。当時、インフレや経済成長率の低下などで有権者の不満は高まった。夕刻、労働者が疲れて岐路につく時間帯を狙い、政治家は「外国人が自国の富を奪っている」などのプロパガンダを流した。

サブリミナル・インパクトに関する研究などから考えると、政治家は大衆の不安を煽り、短い言葉で主張を繰り返し、外国人排斥の感情を潜在意識に植え付けた。世論を扇動し、支配体制を確立したのだ。

自分一人の投票で社会は変わらないと思う人は多いだろう。短期間で社会全体をよくすることは容易ではないが、一人一人がより良い生き方を目指し、その価値観を共有することで社会全体をベターな方向に導くことはできるだろう。政治家の言葉が、長期の視点で考えた経済と社会の安定に資するか否か、わが国においても冷静に判断する必要であろう。

第7章

日常に潜む危険な行動経済学

無料でも成立する儲けのカラクリ

——消費者に甘い密を吸わせることで企業の収益は増え続ける

第7章では、私たちの心の働きに着目して、企業がどのように収益を増やしているのか、説明したい。行動経済学の理論を活用することで、企業のマーケティングや宣伝に惑わされない術を身に付けることができる。まず、多くの人を取り込む心理の変化として、第3章でも取り上げた、〝フリー〟な（無料の）サービスがなぜ成立するかを考えてみる。

インターネット上では、多くのサービスが最初は無料で利用できる。メール、SNS、YouTubeなどの動画視聴サイト、ヤフーなどのニュース閲覧サイトなどだ。通販でも、ウォーターサーバーを実質3カ月無料で提供するといった販売手法をとるケースはある。しかし、企業は人を雇い、生産設備やデータセンター、物流倉庫などのコストを負担してサービスや商品を供給しているので、儲けがなければ存続できない。

フリーであることは、お金を使わず新しいサービスやモノが手に入るので、消費者にとって何ともいえない魅力がある。さらに嫌だったら途中でやめればいいだけなので、気軽に手を出しやすい誘惑なのだ。使い始めて一定のデータ容量に達する、あるいは一定の期間が経過すると、有料サービスへの移行が提案される（お試し期間が終了して本契約への移行など）。もし、有料になった途端に消費者離れが起き、企業の収益が増えないならビジネスとして成立しない。しかし、実際はそうなっておらず、私たちの生活も便利になることから、そのサービスを解約しづらい状況になる。自分や知人の生活を振り返ると、フリーから有料に移行しても、サービスを使い続けている人は多い。

行動経済学の理論を用いて考えると、その背景にあるのは、〝損失回避〟や一度手に入れたものを手放すことに抵抗感を抱く〝保有効果〟、これまでの行動を続ける〝現状維持バイアス〟（動きの慣性の法則）などの影響が考えられる。

一方、企業はフリーなサービスで消費者との関係を構築し、住所、年齢、性別、職業、消費者の好みなどのデータを手に入れる。それを利用して、フリーなウェブサービス経由で個人の欲求を刺激する広告を出し、広告主から収益を受け取る。ＡＩの時代になると、フリーなサービスから得たデータを分析し、より深く、ピンポイントで消費者の心に刺さるサービスなどが生み出される可能性も高まるだろう。

最近人気の生成ＡＩ、チャットＧＰＴも今のところフリーで使える。チャットＧＰＴを開発した米オープンＡＩは、私たちが入力した内容を使ってＡＩの学習を強化している。自分のデータを守りたいのであれば、そのデータが企業に使われないよう〝オプトアウト〟の機能をオンにすることをおすすめする。そしてフリーなサービスを使う際、本当にそれが必要なのか、もう一度冷静になって確認することも大切だ。

〝権威への服従〟はお金で買える

――受賞作品が多数!? ○○○セレクション金賞受賞に価値はない？

「このお菓子は、パリの品評会で金賞を受賞したものです。さすが、大量生産のメーカー品とは一味違う」「このミネラルウォーターは○○○セレクションで最高金賞を受賞したものです。世界で認められた水は、やっぱり格別だ」など、スーパーや百貨店での商品宣伝、ネットの通販サイトでの購入者の口コミや評価で見かけるときがある。その商品が「最高金賞受賞」だと知ると、その賞のことを知らなくても、特別なものに思えてしまう。

私たちには、権威のあるものを信頼し、それが正しいと思い込んで（服従して）しまう傾向がある。第2章でも少し触れたが、こうした心の働きを〝権威への服従〟という。専門家が「繊細で、いい味です」と評価すると、そうした気分になるものだ。

実は、「最高金賞受賞」などの権威は、純粋な競争の結果として付与されたものとは限らない。

セレクションで最高金賞を受賞したと知ると、オリンピックレベルの激しい競争を思い浮かべる人もいるだろう。国・地域ごとの予選で勝ち上がり、オリンピックでの予選を勝ち抜き、決勝へと勝ち上がるイメージだ。これが最高金賞＝金メダル獲得という価値観となり、「この商品は世界トップで特別だ」と認識する。

しかし、実際に欧州で開催されている食品などの○○○セレクションに参加する企業は、実は一定の参加料を支払い、その上で審査を受けている。審査は、出品されたカテゴリー内での相対評価ではなく、審査員が食品やミネラルウォーターなど、個々の商品の品質を一つ一つ絶対評価で審査する。その上で、最高金賞、金賞、銀賞、銅賞、賞なしのランクを付ける。だから、品質が一定の基準を満たしていると評価されると、どの商品でもそれなりの賞（お墨付き）がもらえるので、商品同士の直接的な争いはないのだ。ある審査機関の場合では、出品された商品の40～50％が金賞を受賞しているようだ。

最高金賞といわれると、他とは違う〝特別な商品〟だと思えてしまう。そうした効果を狙い、企業はコストをかけてでも○○○セレクションに出品し、消費者の購買意欲を刺激しようとしているわけだ。

○○○セレクション最高位、超有名大学の教授が推薦など、権威によるお墨付きがあると、どうしてもその商品を手に入れたいと思ってしまう。ただ、権威があるからといって消費者の生活が劇的に変わるとは限らない。専門家や企業側の評価が高いから良いモノと判断していいのか、そう思い込む前に、その商品を本当に購入しなければならないか否か、冷静に考えることが重要だ。

有名人のパワーが後光となり消費者を刺激

——商品のイメージを増幅させて購入意欲を高めるハロー効果

有名化粧品の広告を見ていると、ハリウッド映画に出ている超有名俳優や女優、米国のメジャーリーグで活躍するスーパーアスリートなどをブランドのモデルに起用していることが多い。パリコレで活躍したスーパーモデルを起用してファンデーションや香水の広告を打ち出す企業もある。テレビCMや繁華街の屋外広告で化粧をばっちり決めたモデルの姿を見ると、思わず「あの人みたいに綺麗に（かっこよく）なりたい、あの化粧品が欲しい」と思う。

第4章でも少し触れたが、あの超有名人が使っている商品だから良い品に違いない、という思い込みをもたらすのが〝ハロー効果〟だ。ハローは「こんにちは」のハローではなく、月や太陽にできる傘、後光をいう。なりたい顔・女優ランキングで1位のタレントを広告塔に起用して、化粧品のマーケティングを行うと、それを見た消費者は、「私も、彼女のようにきらめく小顔になれるかも」と思い、ファンデーションを買い求める。夏の季節であれば、著名人を起用しているスキンケアを使い、透き通る白い肌を維持しようとする。広告モデルのスタイルの良さ、肌の美しさなどが後光のように化粧品のイメージを増幅し、消費者の購入意欲を刺激するのだ。

スーパーモデルや有名タレントは美肌や体型を維持するために、コストをかけてエステに通う。パーソナル・トレーナと契約している人も多い。消費者は、そうした努力やコストを考えるよりも前に、有名人のような美しさを化粧品で再現できると直感的に思ってしまう。それほど、ハロー効果は強いと考えられる。

化粧品以外にも、ハロー効果に着目したマーケティングはよく見かける。健康食品のＣＭに有名芸能人を登用して、美容と健康に効果があることを演出する。サプリメントの開発を医療・医学分野の大学教授と共同で行い、有効性が高いとアピールする。

それを見た消費者は、私もあんなふうになりたい、大学教授がアドバイスしているから健康にいいに違いないと思い込んでしまう。その反対に、化粧品や健康食品などを買い求める際、価格と成分を比較する人はどれくらいいるのだろうか。それよりも、あの人のように美しくなりたいという欲求が先行し、商品を買い求めることは多いだろう。ああなりたいと前のめりに思うときこそ、支出の意義を冷静に考えるといいだろう。

心が勘違いするバーナム効果とは?

――不特定多数をターゲットにして個人消費を促す手法

次のシーンをイメージしてほしい。ある夏の暑い日、繁華街を歩いていると「そこのあなた、暑い中お仕事お疲れさまです。お仕事で疲れた今夜は、ビールを飲んでストレス発散しませんか」と、女性タレントが缶ビールを開けて、こちらに差し出す宣伝動画が流れている。それを見たあなたは、咄嗟にこう思った。「あのタレントは、自分に呼びかけている……」と。

当たり前だが、この広告は「あなた」という特定の個人を念頭に作成されたものではなく、ビールメーカーが不特定多数の消費者にビールの魅力を伝えるために作ったCMだ。それにも拘らず、あなたはタレントが自分のことを話していると感じてしまった。

これは、〝バーナム効果〟と呼ばれる心の働きに着目したマーケティング手法の典型的なものだ。バーナム効果とは、誰にでも当てはまるような一般的な説明や特徴を述べられたとき、これは自分だけに当てはまっている、と勘違いする心の働きをいう。占いや血液型による性格診断などを聞いて「あっ、自分にぴったり当てはまる」と思うのも、バーナム効果によるものといえる。バーナム効果のバーナムは、米国の興行師だったフィニアス・テイラー・バーナムに由来するといわれ、バーナムは、「誰にでも当てはまるような点はある」という言葉を残している。

ポジティブな内容であり、情報の発信者（評価者）に権威があると考えられる場合、バーナム効果は高まると考えられている。栄養ドリンクを持った有名アスリートが、「疲れたあなたにこの一本」と話しかけるテレビCMを見ると、「疲労を回復したい自分にピッタリの商品」と思い、商品を買い求めてしまうこともある。

芸能人や有名アスリートなどが、消費者に向けて話しているような広告を目にすることは多い。しかしその内容は、大多数に当てはまることでもあり、あなただけではなく、不特定多数の消費者をターゲットにした宣伝だと理解することが大切だ。

よくある話題や一般的な特徴を語りかけることで、企業はあなたの財布のひもを緩めさせようとしている。企業が仕組んだバーナム効果に気づくことができると、あなたの思わぬ出費を抑えることはできるだろう。

企業が仕掛けるサブスクの罠

――解約の面倒を乗り越えて本当の必要性を分析

リーマンショック後、スマホの普及や、それをきっかけとする新しいＩＴサービスの提供で、私たちの生活は大きく変わった。その一つが、〝サブスクリプション〟（定額課金）の登場だ。思い当たるだけでも、映画やドラマの視聴、音楽のストリーミング、文書作成ソフトや計算、プレゼンテーション作成ソフトなどのクラウド・コンピューティング、コンタクトレンズ、自動車、家電など幅広く、登場当初に比べると対象のサービスや商品は拡大した。

サブスクの契約を開始すると、あまり使わないのに料金を払い続けている方は多いだろう。わかっていても、「またいつか見るときがある」という気持ちもあり、解約するのは面倒だと思うことも多い。サブスク契約を続ける要因として、現状維持バイアスの影響が考えられる。また、多くのケースではクレジットカードで決済をするため、財布から現金を出して代金を支払うという実感が伴わず、支出に対する負担感が相対的に小さい可能性もあるだろう。サブスク契約が増えることで、何を使っているか忘れてしまうこともあるようだ。

一方、企業は消費者がサブスク契約を気軽に解除しないよう、企業として適切ではない罠を仕掛けることもある。近年問題になったのは、IT企業が仕掛けた〝ダーク・パターン〟だ。消費者が解約しづらくするため、解約までのクリックの回数を増やし、解約するためにサイト間の移動が必要な設定を設け、消費者の面倒を増やして不利な状況を作った。

事実と異なる通告によって解約の意思を削ぎ、偽の期間限定セールの宣伝を出すことで、消費者の損失回避の心理を煽ることもする。メールや通販、サブスクサービスを一体化して提供することで、消費者が解約をためらうような仕組みにしているサービスもある（もちろん、優良なサービスもたくさんある）。

コロナ禍で巣ごもり生活が続いたときなど、映画のサブスクは日々の生活を充実させるために重要な要素ではあった。しかし、常に、そうしたサービスを利用しているわけではないだろう。冷静に考えると、本当に見たい映画、聞きたい音楽を、ニーズに合わせて購入した方が支出は抑えられることもある。面倒さ、解約するともったいないという気持ちを抑え、落ち着いてサブスクの利用状況、必要性を確認すると、無駄な支出に気づくことができるだろう。

ついつい買い物をしてしまう〝後払い決済〟の誘惑

――「都合がいい状況は長く続かない」という教訓

デジタル化の加速で〝後払い決済〟サービスも登場した。後払い決済とはBNPL（Buy Now Pay Later／今買って、後で払う）と呼ばれる。消費者がネットショップから商品を購入するとき、通常であれば、購入と同時にクレジットカードなどで一括、あるいは分割で支払いを行う。

BNPLの場合、後払いサービスを提供する事業者は、消費者の与信を審査し、一括、あるいは分割支払いを求める。一方、BNPL事業者はネットショップに対して消費者の購入代金を立て替え、ショップは事業者に対してBNPL利用の手数料を支払う。

これにより消費者は、手元の現金が足りないときやクレジットカードなどを持っていなくても欲しいものを購入できる。BNPLのサービス内容によっては、分割払いでも手数料を負担せずに購入可能だ。クレジットカードのように審査が厳しくないので、その手軽さが米国の若年層の支持を集め、衣類から家具など、生活に必要なほぼすべてのモノをBNPLで購入している人もいる。BNPL事業者は消費者のビッグデータを収集、分析して与信を管理することで、貸倒率を抑えられると考えたわけだ。

一見すると、今、欲しいものを手に入れ、後で代金を支払えば良いというのは、消費者にとって都合がいい話に聞こえるが、それを支えたのは、世界的な低金利環境だった。消費者もＢＮＰＬ事業者も、低金利環境は続くと〝アンカーリング〟の効果に影響されたといえる。低金利が続くから消費者が債務返済に追われることは考えづらく、ＩＴ先端技術を駆使して与信のリスクもうまく管理できる。そうしたコントロール・イリュージョンが高まったといっても良い。

しかし、都合のいい状況が長く続くとは限らない。２０２２年春以降、世界的に金利は上昇した。２０２４年の春頃からは米国の雇用環境もやや軟化し、ＢＮＰＬを使った消費者の延滞は増えた。ＢＮＰＬ事業者の業績は悪化し、人員を削減する企業も出た。

このことは、超低金利環境に慣れ親しんだわが国の消費者にとって重要な教訓だ。事実上のゼロ金利政策が長く続いたわが国では、金利の負担がどの程度か、実感したことのない消費者は多い。ＢＮＰＬ企業の業績が悪化すれば、分割返済の基準が厳格化するなど、これまでの消費パターンを続けることは難しくなるかもしれない。個人が安心した生活を送るためにも、今のキャッシュフローの範囲内で無理のない消費や投資を心掛けることが大切だ。

購入後の気の緩みで思わず追加購入

——緊張が和らぐことで生まれる心の隙と判断力の低下

家具や家電を購入するときに、価格相応の性能があるかどうか、使い心地に満足できるかなど、あれこれ思い悩む人は多いだろう。掃除機の購入を考えている場合、納得できる商品を探すために、国内外のメーカーの機種を比較する。値段、吸引力、コードレスか否か、コードレスであればバッテリーの使用時間、重量、デザインなどを検討することであろう。準備にかける時間（コミットメント）が高まるほど、期待外れに終わってほしくないという、ある種の緊張感も高まる。

いろいろと比較した結果、購入する機種が決まった。このような家電の購入は、数年単位で訪れる大きな決断だ。ネットであれ家電量販店であれ、買った瞬間、欲しかったものを手に入れた満足感が心に広がり、緊張状態から解放される。このとき、注意してほしいことがある。企業はあなたの心の隙をついて、追加の支出を狙っているのだ。

ネットショップであれば、掃除機と関連のある商品を「こちらもご一緒にいかがですか？セットで買われる方多数！」などと提案してくる。主に、掃除機のフィルターやオプションのブラシ、保証期間の延長プランなどだ。家電量販店でも、同様な提案をしてくる場合はある。提案を受けたあなたは、あまり深く考えずに「せっかくだから買います」と即決することもあるだろう。高価格帯の掃除機を買って緊張が和らいだことで、注意力が低下して判断基準も曖昧になり、購入した掃除機より低価格帯の追加購入にはハードルが下がってしまうのだ。購入したモノと関連のある製品だから無駄はないと感じ、当初は買う気がなかったとしても、ついつい余計な買い物をしてしまう。しかも、このような選択は無意識のうちに起きていることが多い。このような状況で財布のひもが緩んでしまうことを〝テンション・リダクション効果〟と呼ぶ。

スーツを買うと、ワイシャツや靴も一緒に買ってはと勧められる。自動車を買うと、自動車保険の加入を勧められる。自転車を買うと、ライトやサドルカバーの購入を勧められる。テレビを買うと音響セットをどうかと勧められるなど、何かの購入に合わせて、別のモノやサービスを販売して収益を増やそうとする企業は多い。

その背後には、購入後に緊張感が低下するという心の働きを突く意図があると考えられる。不要な買い物を減らすためには、欲しいモノの購入が終わるまでではなく、ネットショップあるいはお店を出るまで、緊張感をしばらく維持することが良さそうだ。

音楽やムードで消費者をコントロール

――テンポの違いで売り上げが変わるBGMの絶大な効果

企業はお客の消費行動を誘導するために、店内の環境も整備している。その一つが店舗などで流れているBGMだ。音楽は、私たちの行動や感情に影響を与える。一昔前、パチンコ屋では軍艦マーチが頻繁にかかっていた。パチンコ愛好家のある人は「あの曲が流れてくると、パチンコを打つ心境になってしまう」と言っていた。この人にとって軍艦マーチは、パチンコ屋で勝負を挑む自分をイメージさせ、反射的にその記憶が甦るのだ。

ワルツのリズムを聞くと、ゆったりと優雅に踊るような感覚になり、気分もそうなりやすい。クラシックを聞いていると、目をつぶってリラックスしたい気持ちになるだろう。ロックを聞けば、気持ちがエキサイトしてくる。

音楽が私たちに与える影響に着目し、BGMについて様々な実験が行われている。消費者の店舗滞在時間に関する研究によると、レストランでゆったりとした曲をBGMで流したところ、お客の滞在時間が長くなったことが報告されている。滞在時間が長くなれば、その分、追加注文される可能性が高まり、消費する金額が増加する。逆にお客の回転率を上げたい場合は、アップテンポの曲を流せば効果的だろう。

食品スーパーなどでアップテンポのＢＧＭをかける場合と、スローテンポのＢＧＭを流す場合でも、消費者の行動に違いが出る。アップテンポのＢＧＭを流すと、消費者の移動速度や判断は早くなり、売り場の前を通過する時間は早くなった。スローテンポのＢＧＭをかけると、消費者の移動速度が遅くなることで滞在時間は長くなり、アップテンポのときよりも売り上げが40％近く増えたことが報告されている。

音楽とワインのテイストの関係に関する実験では、ドイツのクラシック音楽を流したところ、ドイツ産のやや重めなテイストのワインを選ぶ人が増えたという。おそらく、重厚な和声の響き（ムード）が、消費者の潜在意識に働きかけるなどして、どっしりとした口当たりのワインを選択させたと考えられる。低音量で流れているＢＧＭでさえ、私たちの選択に知らず知らずのうちに影響しているのだ

それって本当にナッジですか？

――効果的な正しい使い方は改善を重ねることで身に付く

行動経済学の理論を勉強すると、消費者である私たちの行動や言動に思い当たることは多い。生身の人間の意思決定を対象にした理論であるため、応用範囲は広いといえる。ただ、本当に理論が適切に解釈され、社会で実践されているかというと、まだ不十分でもったいない部分もある。ここでは一市民としての観点からナッジ（自由な選択を尊重した意思決定の誘導）の使い方を考えてみる。

市民の健康向上のために、健診やワクチンなどの摂取を呼びかける自治体は多い。ある町では、感染症予防のために、小児や高齢者向けのインフルエンザワクチンの接種費用を一部助成していた。従来の案内状には「○月○日までに、接種をお申込みいただければ、費用を助成します」という内容で対象者に郵送していた。

しかし、思ったように接種率は上がらなかった。町の担当者は、行動経済学の理論を勉強して、「○月○日までに接種をお申込みいただかないと、費用は助成できません」という、損失回避の心の働きに着目したメッセージを考案した。前者と後者の案内状の意味は同じだが、前者は期日までに申し込めばベネフィットが手に入ると〝利得〟を強調し、後者は期日を過ぎるとベネフィットを失う〝損失〟に重きを置いた。結果として、損失回避の心の働きに着目した案内状によって、その年の接種者は増加した。

一方、市民からは「今年は忙しくて申し込めなかったが、来年から申し込めないのか？」「急《せ》かされているような、追い詰められる案内だった。もう少し、やわらかい表現だと安心できる」という声が寄せられた。これらの意見を参考にして、町の担当者は次のように考えたという。

まず、公共政策である以上、市民も行政サイドも無理なく続けられる（持続性ある）ものが前提条件であること。今年の接種を逃したら来年どうなるかなど、不安を煽る側面があったことは反省点であり、人々が抵抗感や圧迫感、やらされている感を過度に抱かせないようにする。毎年の健康診断の開催時期を少しずらして、予防接種と同時期に開催して日程的な負担を減らす。申込書も工夫し、世代ごとに受けるべき健診内容をあらかじめ記入しておき（デフォルト／はじめから選ぶべき内容を入力して選択の手間を省く）、インフルエンザの接種希望の有無に丸を付けるだけの見やすいデザインに変えてみる、などだ。

受けるべき健診とワクチン接種をセットで住民に提案した結果、満足度は高まったという。何を受診すべきかわからないというストレスを低下させつつ、予防接種の自由な選択を尊重したことで接種率は高まったのである。このように、一見するとナッジに見える政策は多いが、社会全体に、持続的に働きかけているか否かを考えると、当初の案内状ではナッジというには不足感を感じることもある。

もしも、そうしたケースを見かけたら、自治体などの担当者に意見を述べてみるといいだろう。改善を重ねることで、それは、あなた自身だけでなく、住民全体の厚生の向上につながり、ナッジの効果的な正しい使い方に活かされることだろう。

悪意のあるナッジ（スラッジ）に注意

――消費者の利益につながらない危険なデフォルト設定

2017年にノーベル経済学賞を受賞したリチャード・セイラーシカゴ大教授は、私たちの心の働きに着目して消費者を誘導し、都合良く利益を増やそうとする選択肢の仕組みを〝スラッジ〟と呼んだ。スラッジとは汚泥《おでい》のことで、人々を誘導して利得を得ようとする、悪意のあるナッジと解釈できる。特に、ある選択肢がはじめから選ばれている状況（デフォルトの設定）には気をつけた方がいいだろう。

先に紹介したサブスクリプション（継続課金によるネットサービスなどの利用）は、スラッジに当てはまるものが多いと指摘されている。例えば、あなたが動画視聴のサブスクの契約を検討しているとしよう。

最初の1カ月間は無料で視聴でき、視聴できるコンテンツに制限もない。しかも、1カ月後に気に入らなければ、無料で解約できる。このとき、あなたは目的の映画だけを見て、1カ月経過する前に解約するつもりでいた。しかし、解約することを忘れてしまった。

翌月のクレジットカードの利用明細を見て、あなたは驚いた。クレジットカードに動画のサブスク料金の請求が届いているからだ。確かに申し込みの時点で、クレジットカード番号は入力していたが、申し込んだ時点では、有料のプランに移行する意思を表明した記憶はなかった。慌てて申し込みの内容を確認した。

すると、契約書の一番下の方に小さく、「無料期間が終了した後、自動で有料プランに移行することを承諾します」という項目に、はじめからチェックが入っていたのだ。〝デフォルト〟（初期設定）の段階で、消費者を有料プランに誘い込む仕掛けがあったわけだ。「はめられた！」と思ったが、気づいたときにはもう遅く、1カ月分の料金は支払った後である。

これは、消費者の利益（満足感）につながっていない。本来、企業は社会の公器として消費者と良好な関係を持続的に築くべきだ。しかし、目先の収益を追い求めるあまり、企業は私たちの認知バイアスを逆手にとって収益につなげようとする。サブスクの解約のわかりづらさも、解約の意思を削《そ》ぐ一つの手段と考えられる。

初期設定で消費者に望ましい選択肢が選ばれているのであればいいのだが、常にそうとは限らない。目先の利得につられて注意が散漫になってしまうと、後々に思わぬ負担に直面することもある。文明の利器が発展し、意思決定の容易さが高まっていると考えられる世の中だからこそ、大切なお金を守るために消費者は細心の注意で契約内容を確認すべきだ。

消費者の認知バイアスを刺激するステマ

――偽りの広告で欺く悪質な販売手法は見破れるのか？

２０２３年10月、わが国ではステルスマーケティング（ステマ）規制を開始した。第４章でも触れたが、ステマとは商品の販売者が広告であることを隠して、商品やサービスを消費者に宣伝することをいう。広告に起用するのは著名人や有名インフルエンサーであることが多い。

企業は著名人に謝礼を支払って、レビューの執筆やＳＮＳの投稿を求める。実質的には販売促進の広告だ。〝権威への服従〟、〝ハロー効果〟など、消費者の認知バイアスを刺激することで、消費者に商品を買わせようとする手法だ。

一方、消費者にとって、SNSで誰かが発信した情報は、一つの感想として認識されるので、広告を意図した発信だと気づきにくいのである。本来、企業の広告であることに気づくことができれば、冷静に購入を検討できるかもしれない。しかし、広告だと気づかないと警戒心が緩み、発信力のある著名人に影響されて購入してしまうことが増えた。ステマは自主的、冷静、合理的な判断を妨げ、消費者を欺く悪質な販売手法といえる。

ステマに引っかかった人の中には、販売元の企業に損害賠償の請求を検討する人もいる。しかし、実際に消費者の商品購入後、企業にステマの責任を求めることはハードルが高いといわれている。本当に消費者がその商品を購入して不利益を被ったのかなど、事後的に事実を客観的に論証することは難しいからだ。

また、ステマ、あるいは広告とは判断しづらいマーケティング手法は増えている。例えば、SNSなどを見ていると特定の商品のみに評価を投稿しているケースがある。本当に一個人のレビューなのか、それとも企業が依頼したレビュー（ステマ）なのか、それとも企業自身がなりすました投稿か、個人レベルで正確な判断を行うことは容易ではない。

AI業界の成長もあり、損失回避や現状維持バイアスを煽り、消費者に購入させようとする企業は増えるだろう。基本的に消費者は、そうした状況から自分の身を自分で守らなければならない。インフルエンサーなどの発信は疑った方がいいと一概には言えないが、一人一人が自分の価値観、判断基準を持ち、不要な支出を避けようと意識することが大切だ。

増加する投資詐欺から身を守る方法

――楽して絶対に儲かるという甘い言葉を信用する心理

私たちが自分のお金を守るために、投資詐欺にも注意が必要だ。リスクをとれば、儲かることもあれば損をすることもある。投資に必勝法はない。投資に限らず、楽して安全に儲かる方法などないのだ。

それでも、株式市場が上昇して「日経平均株価が最高値を更新しました」といったニュースを見聞きすると、自分も乗り遅れるわけにいかないと、群集心理に巻き込まれてしまう。株を買って値上がりすると「自分の取引はすべてうまくいく」というコントロール・イリュージョンに浸る。

そうした人が増えてくると、上がるから買う、買うから上がるというフィードバックのループ（結果の増幅）が起きる。この勢いを利用して、投資詐欺で個人の資金を搾取しようとする集団も出てくる。過去にも株式市場が上昇して強気な人が増えると、投資詐欺は発生した。

わが国では、〝SNS型投資詐欺〟が増加傾向にある。SNSで個人の投資家に株式や不動産投資を勧誘して資金を騙し取るという方法だ。未公開株や社債の取引を装って個人を勧誘し、出資金を騙し取るケースも増加している。多くのケースで少額投資非課税制度（NISA）や個人型確定拠出年金（iDeCo）よりおすすめとアピールされ、「購入費の○%が○年間配当金として確実に受け取れる。○年後には元本が必ず戻ってくる」といった高利回り、元本保証を謳って勧誘している。詐欺の中には、集めた資金から利息や配当を一時的に支払うことで信用度を高め、資金繰りに行き詰まると出資者である個人投資家に対して「出資期間を延長しましょう」と持ち掛けるケースもあるようだ。

次のような投資詐欺もある。SNS上で著名な芸能人やIT企業などの経営者（だった人も含む）の画像を無断で活用し、株式投資や投資セミナー開催の偽広告を出す方法だ。著名人の画像を無断で用いて勧誘内容に信憑性を持たせ、権威に追随させようとするわけだ。関心を持つ人が出てくると「必ず儲かる投資方法を教えます」などといって個人投資家の警戒心を解き、最終的に出資金やセミナー受講料としてネットバンキングの口座に資金を振り込ませる。一度信用してしまうと、詐欺だと気づくまでに何回も資金を振り込んでしまい、1000万円単位の高額被害に遭う人もいるようだ。

「絶対に儲かりますよ。あなたの近所の人もやっています。同世代でやっていないのはあなたくらいです」など、間違いなく儲かるという甘い言葉ほど、その裏に危険が潜んでいると考えるようにしてほしい。もし、投資詐欺と思しき勧誘を受けた場合は、詐欺的な投資に関する相談窓口を設けている金融庁に相談するといいだろう。

冒険せずに確実なものを重視する心理

——主観によって歪む、確実と不確実性の選択基準

私たちは、〝確実〟なものと〝不確実性〟があるものを比較したとき、確実な方を好む傾向がある。例えば、次の2つの選択肢の中で、どちらを選ぶか聞かれたとしよう。①100%の確率で10万円が手に入る。②80%の確率で20万円が手に入るが、20%の確率で0円になる（何ももらえない）。

この場合、多くの人は冒険しないで確実に10万円を得られる①の選択肢を選ぶ。②の選択肢を選ぶと、20%という低い確率ではあるが、利得がゼロになる恐れがあるからだ。そのリスクを回避するため、私たちは確実な結果をもたらす選択肢を選ぶ傾向にある。

そうした心の働きがあるにも拘らず、投資詐欺の被害に遭うことがある。おそらく、リスク

を好むか好まないか、群集心理に影響されるか影響されないかなど、確率に対する評価は客観的（数字通り）ではなく、主観によって歪むからだ。投資詐欺に遭うことを不安に思う人は、2つの選択肢のどちらを選好するか確認してみよう。①の確実な選択肢を選んだら、「投資で絶対に儲かる話はない」という不確実性の意識を徹底することで、投資詐欺のリスクを回避したり、自分のペースで無理なく株式投資を進めることができるだろう。

確実なものを選びたいという心理にふさわしい金融商品としては、国債がそれに当てはまる。国債は国の借金を券面に表した借用証書であり、利息と元本の支払いを国が保証しているリスクフリーの資産である。国債を中心に資金を運用する元本保証型（リスクは低い分、予想される利得も低い）の投資商品もある。

マーケティングでも、確実なものを重視する心の働きに着目して活用している企業もある。缶ジュース1本で1ポイントのシールが手に入り、50ポイント集めると必ずポータブル扇風機をプレゼントするといったキャンペーンだ。ポイント集めれば、絶対に景品が手に入るので、それを目当てに対象商品を買う人は増え、企業の収益も増加する可能性があるのだ。

同じ分量でも表示の違いで印象が激変

――１グラムか１０００ミリグラムかのフレーミングの効果

うるう年を除けば、１年は３６５日である。例えば1日の電気代が３００円だとすると、１年間の電気代は３００円×３６５日で10万９５００円／年だ。電気料金を提示されたとき、１日当たり３００円で年間契約をしても、１年間10万９５００円で契約をしても消費者の最終的な支払い金額は変わらない。

しかし、数字が小さい1日当たり３００円の方が、何となく電気料金の負担額が小さいように感じてしまう。これは、表示の違いで印象、意思決定が異なる〝フレーミング効果〟の一例といえる。このケースであれば、百の位まで表示しているか、十万の位まで表示しているかで、負担の印象が変わると考えられる。

フレーミング効果に着目したマーケティング手法を実施している企業は多い。よくあるのは、栄養ドリンクの成分表示だ。ドリンク１本あたりのタウリン含有量をどう表示するかで消費者の印象は変わることがある。タウリンは筋肉の疲労の原因になる老廃物の除去を助けるなど、疲労感の軽減につながる効果があると考えられている成分だ。１本あたり、タウリンが「１グラム」入っていると表示する方法と、「1000ミリグラム」入っていると表示するのとでは、どう感じるだろうか。1000ミリグラム配合の方が、消費者は有効成分がたくさん入っているというイメージを持つだろう。人によっては、大きな数字を見たことによって、元気になる気持ちが高まることもあるだろう。

サプリメントに関しても「1日1粒で有効成分を100ミリグラム摂取できる」というよりも、「1カ月で3000ミリグラム（1カ月30日計算）」と表示した方が、消費者の心に刺さりやすい。最終的な分量や手に入る利得は同じであっても、私たちは今、感じられる大きな利益に惹かれやすい。

同じ情報でも、数字の単位を変えてみたり、「まだ〜○○ある」「もう〜○○しかない」と表現を変えたりする。それによって、私たちが受け取る印象も違ったものとなり、印象が変わると意思決定にも影響をおよぼすのだ。フレーミング効果の影響を理解しておくことも、消費から得られる満足感を高めることにつながるかもしれない。

過剰な評価が判断を狂わす区別バイアス

――別々に比較するか同時に比較するかの比べ方の落とし穴

2つの商品を別々に比較する場合と、2つ同時（並べて、隣り合わせ）に比較する場合では、同時に比べた方が細部の違いがわかり、適切な判断を下せると思いがちだ。例えば、メーカーは異なるが、サイズや性能などがほぼ同じ冷蔵庫2台（AとB）を比較したとしよう。Aは10万円、Bは11万円で販売されている。ほとんど同じものなのに、なぜか値段は1万円違う。どこに違いがあるのか、詳細なことが気になってくる。

同時に比較することで、その違いは過剰なまでに評価され、判断を歪ませることもある。その評価が実際の満足度に比例するとは限らないからだ。こうした傾向を〝区別バイアス〟と呼ぶ。最終的に、どちらを選ぶかは性能の違いよりも、金額を基準にすることが多いと考えられている。このケースであれば、個人差はあるが支出を抑えるためにAを選ぶ人が多いだろう。区別バイアスでは、金額などの数量的な要素は過大評価され、性能などの質的な要素は過小評価されやすくなるからだ。

逆にいえば、購入候補が1つであれば区別する必要はない。他に比較する対象がないため、細かなことは気にならず、自分の価値観に適合するか否かで消費の意思決定を行うことができる。例えばスマホの新モデルが発表されて、カラーが1つしか発表されていない場合、そのカラーで満足して悩むことは少ないだろう。

その後、カラーバリエーションが増えたことで区別バイアスが作用し、あのとき買わなければ良かったと後悔することもある。中には、不満が募り、別の色に買い替える人もいる。こうした状況を避けるためには、あらかじめ自分が気に入る色や性能など、好みの要素を明確にしておくといいだろう。そうすれば消費に関する意思決定の合理性は高まると考えられる。

区別バイアスは消費だけでなく、就職や転職の際にも無視できない影響をおよぼす。同じ業界のA社とB社の2社から内定をもらったとする。A社は、給料は高くて安定しているが、毎日が忙しく仕事の自由度が少ないと言われている。B社は、ベンチャー企業で給料は安いが、自分のやりたいことができる企業文化があるという。

A社、B社それぞれの情報を集め、どちらを選ぶか判断する。最終的に、給料の高さ（数量的な要素であり、実現の可能性が高い経済的な利得）を重視して、A社を選ぶ人が一般的には多いだろう。しかしその結果として、給料は高いが日々の業務に追われて仕事内容に満足できず、「こんな会社は嫌だ」と後悔することもあるのだ。

関係のない映像や画像がイメージを決める

――消費者の心理に焼き付き、無意識に関連づけるクレショフ効果

ある飲料企業が、新商品として発表するグレープフルーツ100％ジュースのCM案を考えている。マーケティングの担当者は、何とかしてグレープフルーツのみずみずしさを、消費者にビビッドに伝えようと苦心している。

最終的に2つの案が残った。1つ目は、最初に砂浜で若い男女がビーチバレーをしている様子が流れ、次に新商品のグレープフルーツジュースを紹介する。2つ目は、筋肉隆々の男性がジムでトレーニングにいそしむシーンを流した後に新商品を紹介し、その男性がトレーニング後にグレープフルーツジュースを飲み干す。

1つ目のシーンであれば、はじけるようなみずみずしさと、爽快なイメージを視聴者は持つだろう。2つ目のイメージはそれとは異なり、グレープフルーツテイストのプロテインではないかと勘違いする人がいるかもしれない。

高級な牛肉を紹介する際、一家団欒ですき焼きを食べるシーンを流した後にお肉の紹介をすると、手頃な値段の庶民的な牛肉という印象が残る。一方、高級フレンチレストランでステー

キを焼くシーンの次にお肉を紹介すると、高価格帯の超高級和牛のイメージが消費者の心理に焼き付くだろう。こうした印象の違いは、無意識のうちに生み出されている。

このように、関係のない画像や映像を無意識に関連づけてしまう心の働きを〝クレショフ効果〟と呼ぶ。クレショフとは、旧ソ連の映画作家・映画理論家のレフ・クレショフの名前からきている。スープの画像を流し、次に無表情の男性を流す。2つの画像を順番に見た人は、男性は空腹だと思うだろう。クレショフは画像のつなぎ方で、人々の解釈に変化があることを指摘したのである。

クレショフ効果は、企業のブランドイメージアップに使われることが多い。欧州の高級車ブランドのCMを見ていると、冒頭で豪華なドレスやジュエリーを付けたモデルがお城の階段を降りてくるシーンが出てくることがある。次のシーンで、運転手が高級車セダンの後部座席のドアを開けてモデルを出迎える。この2つのシーンを並べることで、視聴者はこのメーカーの自動車は高級で、富の象徴だとイメージするだろう。

商品の紹介前に、高級そうなイメージの画像が流れてくる場合、企業は高品質・高級という印象を消費者に抱かせ、相応の高額な支出を促している可能性が高い。CMなどの紹介動画がもたらす企業や商品イメージに惑わされないようにすると、満足のいく選択を行えるかもしれない。

企業に付け込まれる消費者の弱み

売り手と買い手の情報量の違いが不利益を生む

伝統的な経済学では、市場ではすべての参加者が完全知識を持っていると前提を置いてきた。前述した通り、実際はそうではない。企業は自社が扱っている商品のことをよく知っているが、消費者が持っている情報は限られているからだ。この問題を指摘したのが、情報の非対称性の理論である。情報の非対称性は米国の経済学者、ジョージ・アカロフが提唱した。

アカロフは米国の中古車市場を分析した。中古車の中には、故障車や事故車も含まれている。専門家が見れば一目瞭然だが、どれが故障車なのか素人である消費者が判別するのは難しい。中古車市場の情報は非対称である。ディーラーは多くの情報を持つが、消費者の情報は少ない。ディーラーは利得を増やすために、見た目では問題のない欠陥車を売る。消費者は、これに気づかないだろう。

アカロフは中古車市場における欠陥車を〝レモン〟と呼んだ。レモンは黄色く、厚い皮で覆われ、味や中身の良し悪しは外見から判別しにくいからだ。ディーラーが欠陥車（レモン）を販売し続けると、消費者は商品への信頼を失うだろう。アカロフは、企業が消費者の無知に付け込んで独善的に欠陥のある商品を供給し続けると、最終的に市場での取引は成立しなくなるだろうと指摘した。

レモンの存在は、企業経営者、消費者の両者で示唆に富む。企業が、これくらいは大丈夫だと思い込み、適切ではないことを続け、結果的に取り返しがつかなくなったことは多い。適切な生産管理が行われていない食品などを消費者が摂取し、健康被害が出ることもある。そうしたリスクを消費者自らが防ぐことは難しい。ネット社会のダーク・パターンも、消費者の無知、不注意などに付け込んでいるといえる。そこにも情報の非対称性が影響していると考えられる。

消費者が身を守るために、冷静になって契約書の内容などを確認する意義は高い。ただし、常にそれができるとは限らない。消費者の安心、安全、健康などを守るために、わが国では消費者庁が行動経済学の理論を用い、消費者に不利益が生じない市場環境の整備を目指している。消費者庁の政策動向を確認することも、消費者が不要な支出を減らし、安心・安全な生活を目指す一助になるだろう。

より良い未来のために必要な学問

――わが国での行動経済学が抱える問題と人生や社会で果たす役割

わが国では、マーケティング戦略の立案に活かすため、行動経済学の理論を使う議論はそれなりに増えてきた。健康診断や脱炭素など、公共政策や環境政策などの分野でも、ナッジの知見を用いて、市民の意思決定を良い方向に導こうとする取り組みは増えている。いずれも、経済の効率的な運営、社会の持続性向上に必要なことだ。

一方で、消費者がどのように自分のお金を守り、満足度の高い消費や投資の意思決定を行うかに関して、わが国では行動経済学の果たす役割はまだまだ多い。特に、企業のマーケティング攻勢から、どう消費者を守るかに関しては、米国などと比べると議論を重ねる余地は大きいように思う。米国では、モノから資金運用サービスなどの幅広い分野で、セールスパーソンやフィナンシャル・プランナーの勧誘に惑わされないようにする指南書や、政府系機関の報告書を読むことができる。

損失回避や群集心理、現状維持バイアスや権威への服従など、本書で解説した理論に注目することで、セールストークに乗せられてしまう心理を理解しやすくなるはずだ。それは、無意

セールストークに乗せられてしまう心理

行動経済学の理論を学ぶことで、合理的で満足度の高い意思決定を意識できる

識のうちにモノを買い求める欲求や誘惑に気づき、何が自分にとって合理的、満足度の高い意思決定かを意識できる一助になるだろう。

また、ナッジは、公共政策などの分野だけでなく、私たちの日常生活にも役に立つ。太陽のような心構えで、相手に強要することなく、ポジティブな印象を与えるコミュニケーションを心掛ける。それは、知人や会社の同僚などと、円滑に持続性の高い関係構築にプラスに働くだろう。

今後、注目する分野はＡＩだ。ＡＩの性能が向上するに伴い、膨大なデータ分析が可能になるだろう。消費者の選択、投資家の株式取引などのビッグデータを分析することで、これまで行動経済学の研究者が解明しきれなかった人間の合理的ではない意思決定の実体が明らかにな

悪魔の教養か、もしくは幸福に生きるための学問か

AI によって解明しきれなかった意思決定の実体が明らかになるかもしれない

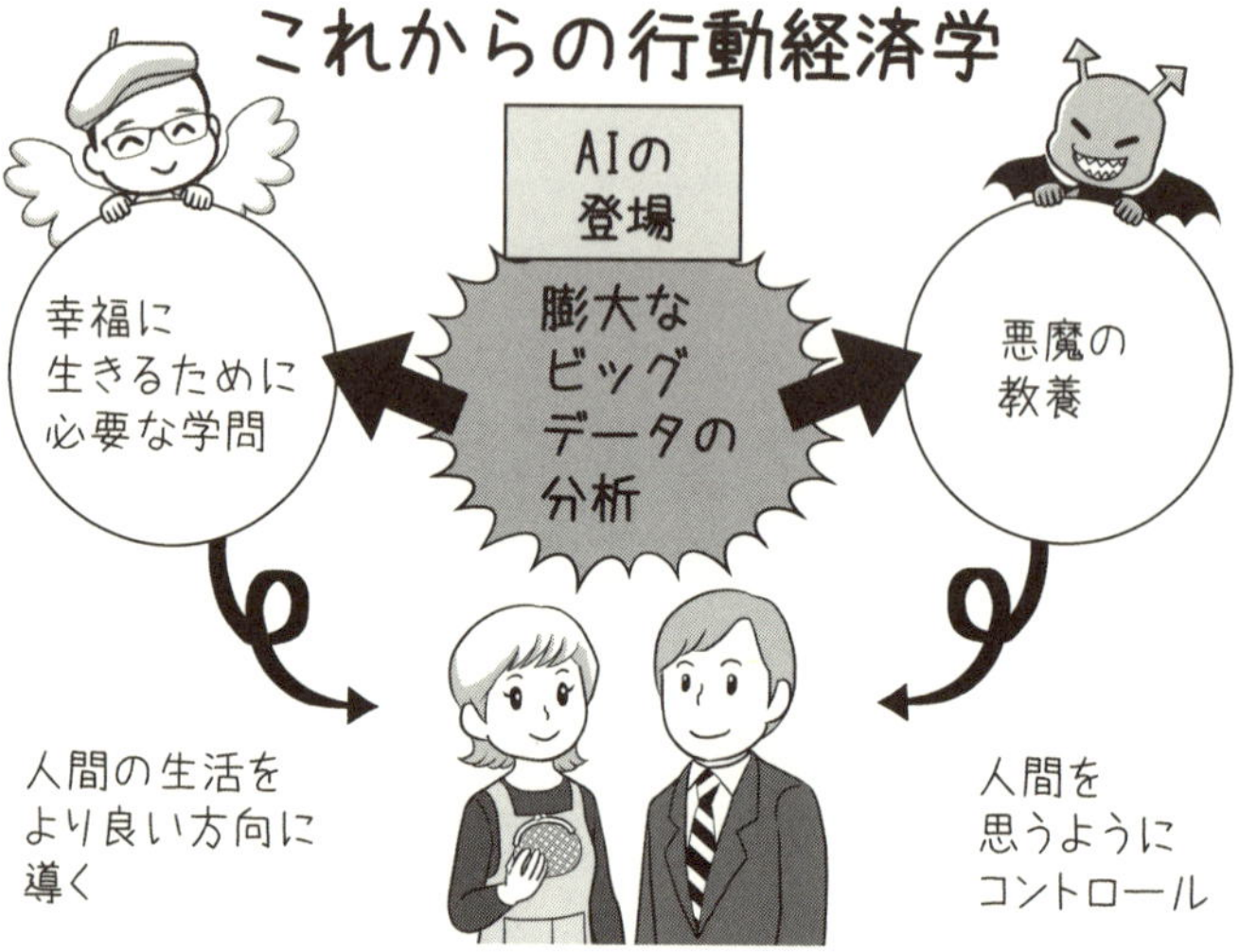

るかもしれない。

分析の結果を理論化することで、人々の満足感を高める経済政策、企業の事業戦略、消費者の意思決定理論が生み出されることも考えられる。生身の人間の行動や意思決定を分析できる理論は、人間を思うようにコントロールすることもできる〝悪魔の教養〟ともいえるが、社会において重要性が増し、より良い未来を作るため、人が幸福に生きるためにも必要な学問であると私は思う。このようにして、行動経済学の研究は、一人一人の人生はもとより、社会全体を良い方向に導くことにつながるだろう。

参考文献

行動経済学入門
真壁昭夫 著　ダイヤモンド社（2013/8/22）

知識ゼロでも今すぐ使える！ 行動経済学見るだけノート
真壁昭夫 著　宝島社（2018/8/16）

イラスト＆図解 知識ゼロでも楽しく読める！行動経済学のしくみ
イラスト＆図解知識ゼロシリーズ
真壁昭夫 監修　西東社（2022/4/5）

最強のファイナンス理論：心理学が解くマーケットの謎
講談社現代新書
真壁昭夫 著　講談社（2003/2/1）

Daniel Kahneman, Thinking, Fast and Slow, Penguin (2011/11/3)

Philip Kotler, Hermawan Kartajaya, Iwan Setiawan, Marketing 4.0: Moving from Traditional to Digital, Wiley (2016/12/5)

Philip Kotler, Kevin Keller, Alexander Chernev, Marketing Management, Pearson Education Limited; (2021/11/24)

●著者プロフィール
真壁昭夫（まかべ・あきお）
1953年神奈川県生まれ。多摩大学特別招聘教授。「行動経済学会」の創設メンバー。一橋大学商学部卒業後、第一勧業銀行（現みずほ銀行）入行。ロンドン大学経営学部大学院卒業後、メリル・リンチ社ニューヨーク本社出向。みずほ総研主席研究員、信州大学経済学部教授、法政大学大学院教授などを経て、2022年4月から現職。著書は「下流にならない生き方」「行動ファイナンスの実践」「はじめての金融工学」など多数。

悪魔の教養としての行動経済学

2024年11月11日　第1刷発行

著　者　　真壁昭夫

発行者　　岩尾悟志
発行所　　株式会社かや書房
〒162-0805
東京都新宿区矢来町113　神楽坂升本ビル３Ｆ
電話　03-5225-3732（営業部）

装丁・本文デザイン　　柿木貴光
執筆協力　　竹内尚彦
イラスト　　タナカクミ
イラスト制作協力　　黒川結帆子
編　集　　飯嶋章浩
印刷・製本　　中央精版印刷株式会社

Printed in Japan
ISBN978-4-910364-54-4